No rain, no rainbow

ピンチをチャンスに変える魔法のカギ！

笑顔の講演家　鍵 麻由

NANAIROSHA

はじめに

大切にしている価値観は何ですか？
何を大切に生きていますか？
麻由が生前大事にしていた生き様を皆さまにお贈りいたします。

今年あなたは、ひとつ歳をとる
そのたびにとし相応にとか
いいとしをしてとか
つまらない言葉があなたをしばろうとする
あなたは、耳を貸す必要なんてない
世間の見る目なんて、いつだって後から変わる
着たことのない服に 袖を通して、 見たことのない自分に 心躍らせる
他の誰でもない 私 を楽しむ

これは、麻由が大好きだった樹木希林さんの言葉ですが、
彼女は、まさに私をまっとうし、
誰からもしばられない、のびやかな生き方をまっとうしたと思います。

生まれてくれて、ありがとう

出会ってくれて、ありがとう

一緒に過ごしてくれて、ありがとう

（鍵 麻由 告別式 弔辞より）

2024年7月2日　鍵 鋼一

発刊にあたって

[遺志を継ぐ]

本書は、笑顔の講演家・鍵麻由が最後まで望んだ「書籍出版」——その実現に向けて、彼女と縁の深い有志が集い、彼女が生前残した文章・講演の記録をまとめた一冊です。

また、彼女の生きざまが周囲の方にどう見えたのか、その手記も掲載しました。

鍵麻由という一個人の人生——そのあり方を様々な角度から取り上げることで、「他の誰でもない、私を楽しむ人生」を歩むヒントになれば、という想いで編みました。

＊

SNSでは、亡くなる数日前まで、前向きな投稿をしていたので、突然の訃報に「いったい何が起こったんだ!」と思われた方も多いと思います。


ご主人のお話から2024年に入ってからのことをまとめると、実は、亡くなる半年ほど前から左目が見えなくなっていたようです。

入院直前には、39度以上の高熱、頭からの出血、鼻血が1時間以上止まらないことも。さらに突発性難聴を発症するなど、急激な体調変化があったそうなのです。とうとう呼吸がつらくなり、胸にたまった水を抜く処置を受けるのに入院をしたのが5月20日。

札幌公演があるため、早めの退院をするも、6月6日に容態が急変。
それからは入院生活の中で、少しずついろいろなことができなくなり、手の施しようがないとの判断で、緩和治療へと切り替わっていったのだということでした。

そして6月24日、再度容態急変、6月25日、午前2時52分に永眠しました。

彼女は最後まで出版を希望し、入院中も病床でライティングの勉強を続けていたといいます。
本人はここで人生を終えるつもりはひとつもなく、最後まで「私」という生き方にこだわり、最後の一瞬まで「私」をまっとうし続けたのではないか。そんなふうに感じます。

この生き方の原動力は何だったのか。そして、鍵麻由という人間が何を想い、何を大切に生きてきたのか、そして何を伝えたかったのか——彼女の人間像の一端を少しでも感じてもらえたなら、私たちにとってこれ以上の喜びはございません。

2024年11月18日　鍵麻由 出版プロジェクト実行委員会

本書の読み方について

この本は、

①鍵麻由さんがブログなどで発信した文章
②そして出版を目指して書き始めたｎｏｔｅに投稿した文章
③精力的に行なった講演をまとめた文章
④縁のある方々が彼女に寄せた〝応援〟メッセージ

で構成されています。（ＳＮＳ、ｎｏｔｅなどの投稿記事については、書籍として読みやすくなるよう、適宜表現や絵文字、改行などの調整を行なっておりますが、特に上記①の内容については、ＳＮＳ投稿のライブ感を活かすことを優先させたため、やや読みにくい箇所がございます）

鍵さんのＳＮＳの記録の仕方には特徴があり、毎年、思い出日に同じ内容の投稿をし、その記事にその年の追記をしてアップデートしていく投稿が目立ちました。

がんの告知を受けてから、毎年毎年、「今年もまたこの日がやってきたんだな」と味わうように記録しているように思います。

その結果、同じ記述が度々出てくることになり、時系列通りに記述が並んでいるとは限らないという特徴を生み出しています。

皆さまの参考になるようにと、ご主人（Ｋｅｙくん）が年譜を作成してくださいましたので、こちらをご参考に読み進めてみてください。

ＳＮＳには膨大な日々の記録が綴られており、その半分以上は他人への応援、パーティーや講演会、発表会といったたくさんの人が集まるイベントに参加したという活動の報告が占めています。また、旅行やゴルフを心ゆくまで楽しんでいる様子も発信されています。

「がんであってもなくても自分らしく生きる」

こんな記述があるように、つねに華やかで原色の服が似合う――そんな〝鍵さんらしい人生〟をまっとうされたように見受けられます。

それらのなかでも、彼女自身の気持ちや考え方に触れた記事を抜き出して構成しました。ぜひ彼女の人生を追体験して頂ければ幸いです。

※本書に掲載しております写真は、各種ＳＮＳやＷＥＢ上に投稿された画像を使用しているため、一部に画質が粗いものが含まれております。あらかじめご了承ください。

西暦	月	年齢	イベント	コメント
1973	6	0	高知にて誕生	
～			大阪府池田、兵庫県芦屋、千葉県松戸へ引越し	
1989	4	15	江戸川女子高等学校入学	
			神奈川県横浜へ引越し	
1992	4	18	東京音楽大学入学	
1996	4	22	二人同期として入社	社会人1年目
1999	2	25	逆プロポーズ	
	5		オーストラリア・シドニー留学	
	9	26		
2000	5		結納	
	11		結婚	
2007		33	不妊治療	
2008	3	34	1回目流産	
	9	35	2回目流産	
2009	3	35	1回目乳癌	トモセラピー
	6	36	グアム旅行	旅行中のレストランで「No rain, no raibow」を発見
2010	2		トモセラピーの効果で完全消失	
2013		39	不妊治療	
2016	6	42	2回目乳癌摘出手術	

2017	7	43	カギマユ復活記念日	ランウェイ
	7	44	ミュージカル挑戦	A COMMON BEAT
	9		キラキラ女性講演会グランプリ受賞	テーマ「全ての経験は宝物」
2018	7	45	スウェーデン旅行	
2019	2		ハワイ島旅行	
2020	2	46	オーストラリア・シドニーへホストファミリーに会いに行く	
2020	11	47	レッツゴースピーチコンテスト　グランプリ	
2021	12	48	3回目癌・骨への転移	歩くことができなくなり、緊急入院・緊急手術
2022	1		退院	車椅子
			リハビリ	
	4		歩行器を使い歩けるようまで回復	
	8	49	歩行器卒業し、杖一本で歩けるまで回復	
2023	6	49	DAF卒業	
	6	50	胸水を初めて抜くために入院	
				50歳の誕生日を期にnoteを始める
	7	50	お話美人協会 in 宮崎	
2024	3		盛岡旅行	最後の夫婦旅行
	5		具合が悪くなり、入院	
	6	50	永眠	

No rain, no rainbow 〜ピンチをチャンスに変える魔法のカギ！　目次

I

笑顔の表現者

このパートでは、彼女がSNSで日々発信していた投稿を厳選して掲載しました。

普段着の鍵麻由が色濃く出たパートでもありますが、最初から最後まで、まっすぐでブレのない「ポジティブ」「スマイル」が満載の内容は、読む者にたくさんの勇気を与えてくれます。

Chapter 1

No rain, no rainbow

〜ピンチをチャンスに！

言葉＝人生

（２０１８年３月14日）

皆さんにとって、一生忘れられない大切な記念日ってありますよね？
私にとっては、２００９年３月10日。
35歳の時でした。

当時、外資系企業の営業として、バタバタの毎日。
仕事は、やりがいを感じていたし、
主人とも仲良くプライベートも充実していました。

が……
結婚して5年以上経つというのに、なかなか子宝に恵まれず、
周りの友達は、当たり前のように家族が増えていくのに

「なんで私たちのところには、赤ちゃんができないんだろう」と

子供ができない自分を女性として

欠陥商品のように責めていました。

協力的な主人と共に、不妊治療に通う日々。

ようやく妊娠したというのに、

残念ながら２回も流産してしまい、

さらに自分を責める日々が続いていました。

そんなドン底の時に、会社から届いたメール。

それが、人間ドックのお知らせメールでした。

実は、以前から脇の下のしこりが気になっていた……。

けれど、怖いので見て見ぬフリをしていたのです。

「**安心の為にも検査した方が良い**」
という気持ちで初めての人間ドックを予約。

かなり気になっていたので、
本来であれば、2~3週間後に郵送される結果ですが、
当日、先生との診察をお願いしました。

順番を待つ時間は、果てしなく長く感じる。

元々ポジティブなタイプでしたが、
診察室の「乳がん」のポスターが目に入ってきても
怖くて見れないので、目をそらす。

ようやく順番が来て先生に呼ばれる。
マンモグラフィーの画像を見ながら先生が淡々と語り出しました。

「もちろん、細胞の検査をしなければ確実な診断はできませんが……」

「カギさん、コレって何だと思いますか？」

しばらく沈黙。

「……えっ⁉　まさか……」

「乳がん⁉」

自分の口から**乳がん**と言った瞬間、頭の中が真っ白。

先生は、聞いてもいないのに

「この状況ですと……5年生存率は……」と

淡々と語り出したのです。

椅子から転げ落ちた状況だったので、
正直、何パーセントと言われたのか覚えていませんが、
その時の感情だけは、はっきりと覚えています。

「私の命の期限を勝手に決めないで!!」

この瞬間の感情は、今でも忘れられません。

決して初期ではなく、残念ながらリンパにも転移していて、
腫瘍が４・５㎝もありました。

当時35歳だった私。
沢山の思いが頭をよぎりました。

「40歳を迎えられるかどうか、分からないってこと?」

「まだ、やりたいことは、いっぱいあるのに……」

「昨日まで、普通に仕事していて、元気だったのに……」

「風邪さえひいたことが、ほとんどないのに……」

「がん告知って、ドラマや映画のシーンとは、全然違う！」

「たった1人で、こんな風に告知されるの？」

直後に、主人や両親に連絡しました。

Ｋｅｙくん（＝主人）に話したら、
電話の向こうでかなり動揺している様子が伝わってきました。

その後、ゆっくりと優しく

「**一緒に乗り越えよう**」と
言ってくれました。

さらに両親にも報告。

人によっては、スグには家族に報告できない人もいるようですが、
私の場合は、自分自身の性格から
「家族には隠せない」
と分かっていたので、即報告しました。

今思えば、娘が「がん」と分かったら、かなりショックだったはずなのに……。
さすが、ポジティブな言葉で子育てをしてくれた私の両親。

「**麻由ちゃん、絶対大丈夫!!**」

当時は、分かったばかりで何も根拠はないかもしれないけれど、かなり力強い口調で励ましてくれました。

一番身近な家族の言葉には何度も支えて貰いました。

不安でいっぱいだった心が温かくなりました。

自分1人だったら乗り越えられない、大きくて恐ろしく高い壁も、家族がいてくれたから乗り越えることができました。

本当に感謝の気持ちでいっぱいです！

「一緒に乗り越えよう」by 主人
「絶対 大丈夫!!」by 両親
毎朝、リビングから見える富士山に向かって「私の乳がんは、きれいになくなりました。ありがとうございます!!」と笑顔で手を振っています。
闘病中、両親・主人と訪れたグアムのレストランで見た「No rain, no rainbow」の文字。その後に見たダブルレインボーに感動し私の人生を虹色にしよう」と決めました。

2017年日本テレビの「生きるってスゴイ」の企画で汐留本社ビル内のパネルに表示された「闘病中に支えられた言葉・もの」をテーマに取材に答えた際の写真。

それから、わずか4日後。
元々、主人と温泉旅行を企画していてキャンセルするか迷ったのですが、
こういう時だからこそ自分自身はもちろん、
一番身近なKeyくん（＝主人）との時間を大切に過ごすために湯西川温泉へ。

そこで書いた手紙
「5年後のあなたへ」

35歳の自分から40歳の自分自身へ。

1回目‥
「5年後のあなたへ」と書いたものの
「本当に、5年後に読めるのか？」
不安になって、続きが書けずにごみ箱へ。

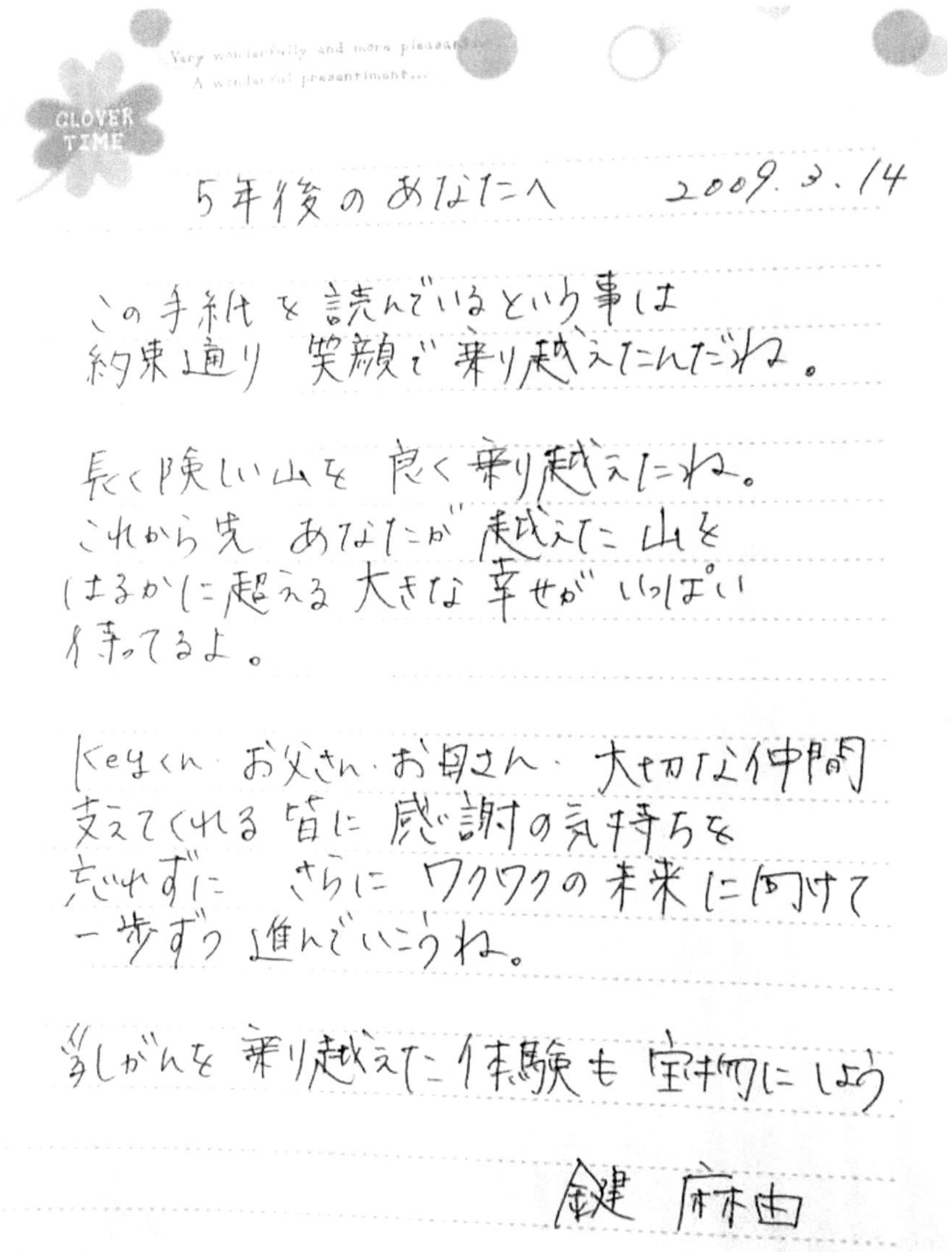
5年後のあなたへ　2009.3.14

この手紙を読んでいるという事は
約束通り 笑顔で乗り越えたんだね。

長く険しい山を 良く乗り越えたね。
これから先 あなたが越えた山を
はるかに超える大きな幸せがいっぱい
待ってるよ。

Keyくん・お父さん・お母さん・大切な仲間
支えてくれる皆に感謝の気持ちを
忘れずに さらにワクワクの未来に向けて
一歩ずつ進んでいこうね。

乳がんを乗り越えた体験も宝物にしよう

鍵麻由

実は、写真は３回目にようやく書き上げた手紙。

2回目：
震える手を抑えながらようやく書き終えたら涙で滲んで、
後から読めない状態に（涙）。

3回目：
「絶対に乗り越える」と唱えて書き上げ、15年経った今でも大切な宝物。
書いた通り、乳がんを乗り越えた体験も宝物になったね！

44歳の今の私にも勇気が届いたよ♡

やはり「**言葉＝人生**」
思えば思うほど、言えば言うほど、書けば書くほど願いは叶う！

※編集部注：ここから先の文章は、2024年3月14日に追記されました

この記事を書いた当時は
「現在の自分から、未来の自分への手紙」
15年経った今は
「過去の自分から、現在の自分への手紙」

2024年3月14日リハビリ中で、
50歳の私にも勇気が届いて、エールを贈られたよ！

当時の私に伝えてあげたい。

50歳の私は「今を笑顔で生きる」と決めて
スマイルコンテストにチャレンジしているよ！
1000人以上もエントリーされたなかからアワード受賞者に選ばれたよ～♪

やはり「言葉＝人生」

思えば思うほど
言えば言うほど
書けば書くほど
願いは叶う！

新たに「5年後のあなたへ」手紙を書いてみよう！
既に叶ったようにワクワクした気持ちで書くのもポイント！

あなたなら、何を書きますか？

Chapter1 No rain, no rainbow　〜ピンチをチャンスに！

5年後のわたしへ

Triple Happy Day！

（2016年6月29日）

今日は、大安吉日に加えて、
「たった一粒の籾《もみ》が、万倍にも実り、素晴らしい稲穂になる」
一粒万倍日《いちりゅうまんばいび》という縁起の良い日。

さらに、My Birthday という Triple Happy Day!!

日付が変わると同時に、Facebook・LINE・メール・電話で
『おめでとう』のメッセージをたくさん頂き、
キラキラする言葉のシャワーを浴びた気分です！
お時間を頂きますが、後程少しずつ返信させて頂きますね。

先日、再発乳ポン（あえて「がん」ではなく「ポン」と呼んでいます）の

手術が成功し、
術後の経過も順調なので、清々しい気持ちで誕生日を迎えました！
乳ポンのおかげで、毎日の生活の中に、たくさんの幸せが溢れていることに、
改めて気付きました。

・朝、笑顔で目覚めること
・美味しいごはんをいただけること
・太陽の光を思いっきり浴びること
・大切な仲間と笑いあえること
・映画や音楽で感動して涙すること
・毎晩「ありがとう」と言いながら、洗顔できること
・家族がそばで寄り添ってくれること

そして誕生日当日、沢山の素敵な方々からお祝いして頂けること
43年間で出逢えたすべての皆さまに、感謝しています！

写真は、ビシセリア（美姿勢・歩き方・魅せ方）ライフスタイルアドバイザーの
名刺作成用に撮影していただいたプロフィール写真！
術後２週間とは思えないですよね（笑）
プロのメイク・カメラマンのおかげで、素敵に変身できました。

新しく生まれ変わったカギマユ！
身体を最優先にしながら、
大好きなヨガ・ゴルフ・ウォーキング・音楽・旅行等、
心がワクワクすることを楽しみます！

生かされた命に感謝して、私らしく笑顔
溢れる毎日を積み重ねていきます!!
皆さま、いつもありがとうございます！

泥の中から咲く蓮の花

（２０１６年９月23日）

昨日、先祖供養で東禅寺に伺い、
住職さんのお話の中で、心に響いたメッセージ。
お釈迦さまの台座の花というのは、蓮の花です。

なぜ、お釈迦さまの台座に蓮の花が選ばれたのか？
蓮の花は、泥水の中からしか立ち上がってきません。
真水の中からは、蓮は立ち上がって来ないのです。
泥がどうしても必要なのです。

泥とは、人生に例えれば、辛いこと・悲しいこと・大変なこと。
蓮の花とは、人生の中で花を咲かせること。
泥水が濃ければ濃いほど、蓮の花は大輪の花を咲かせるそうです。

まさに「No rain, no rainbow」と同じ！
泥に染まることなく、
真っ直ぐに咲く蓮の花のような人生を歩みたいですね！

昨日、東禅寺の池に咲いていた蓮の花。住職さんのお話を聴いた直後だったので、エネルギーを感じました。

ピンクリボンデー

（2016年10月1日）

10月1日は、ピンクリボンデー。
ピンクリボンについては、ご存知の方も多いですが、
乳がんの正しい知識を広め、乳がん検診等を推進する
世界規模の啓発キャンペーン。
私が、最初に乳がんに罹患したのは2009年3月。
初めての人間ドックがきっかけでした。
目の前が真っ暗というより、真っ白になりました。
「5年に1回位しか、風邪すらひかない私がなぜ？」
というのが、正直な感想。

今振り返ると、アクセルばかりの人生に、
「時には休憩も必要だよ」と、乳ポンが教えてくれた感じです。

「マギーズ東京」共同代表の鈴木美穂さんが
ヨーロッパの国際会議に出席された際、
乳がんを経験したサバイバーだと告白したら、
「おめでとう」と
言われてハグされたそうです。

海外では、
がんを経験したサバイバーに対して、
敬意と祝福の気持ちを込めて
「Congratulations!!」という文化が
あるそうですよ！

講演の中で一番心に響いたので、
シェアさせて頂きますね。

笑顔のバトンリレー

（２０１６年11月19日）

昨夜、仕事帰りに立ち寄ったスーパーのレジで、
飛びっきりの笑顔の女性を発見。
思わずお支払の時に「素敵な笑顔ですね」と話し掛けました。
すると彼女の返した言葉が、まさに神対応！
「ありがとうございます」は予想通りの返し。
その後すかさず
「お客様の笑顔も、とっても素敵です」と私の笑顔を褒めてくれたのです。
お互いに、さらに笑顔になりました。

「笑顔は伝染する」
褒められたら「ありがとう」と受け入れて、さらに相手を笑顔にする。
20代のアルバイトだと思われる彼女から、

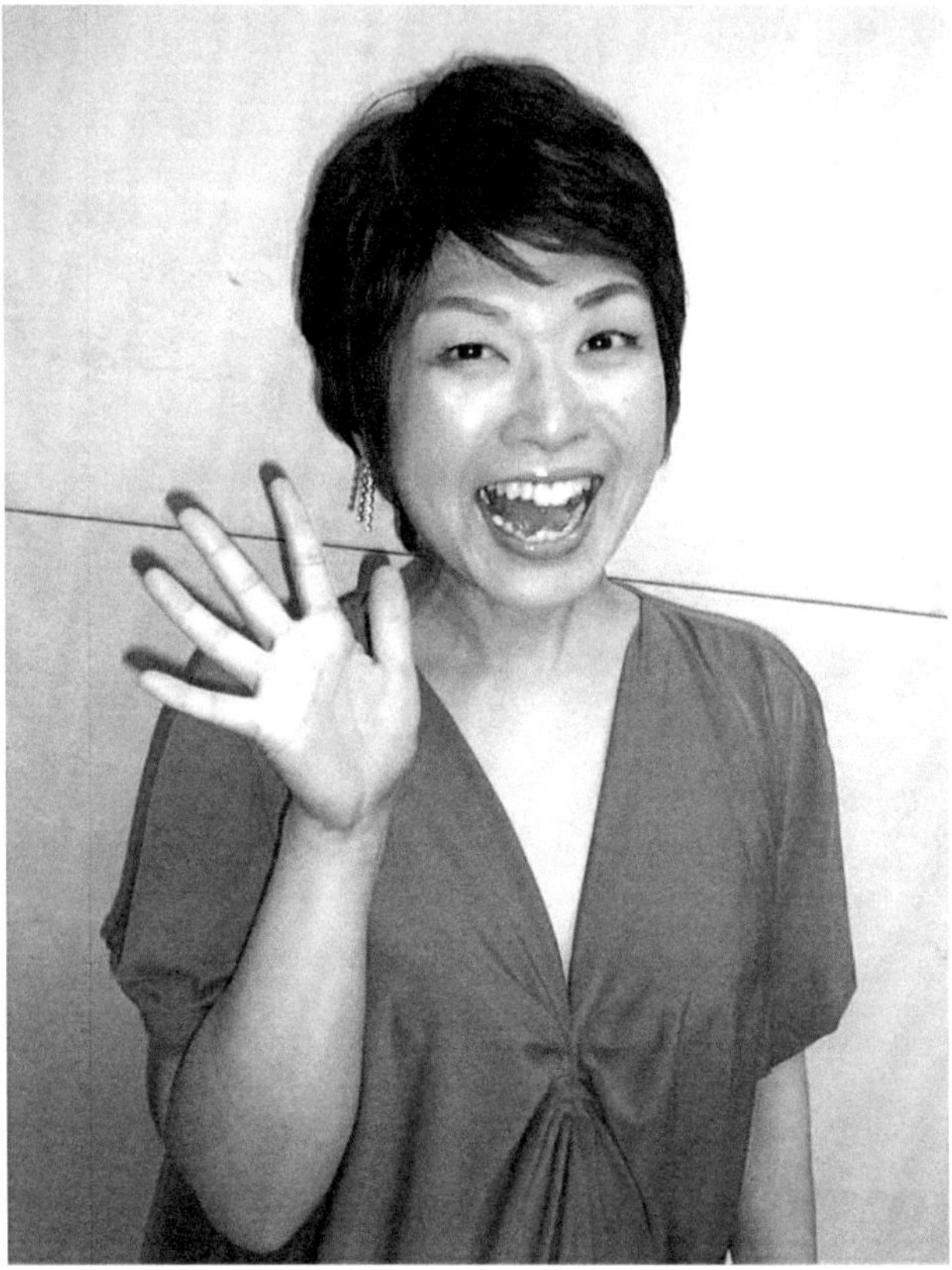

出口アヤさんの出版記念パーティーで、「スマイル大賞グランプリ」を受賞した時のショット。乳がん治療の真っ最中とは思えないBig smile！

今年の漢字

（２０１６年12月27日）

昨夜のＳＭＡＰ×ＳＭＡＰ最終回は、泣きながら見ました。
「世界にひとつだけの花」ラストステージでの
中居くんの指５本のジェスチャーが、心に響きましたね！

さて、あっという間に、２０１６年も残すところ４日。
毎年恒例のクリパでは、「今年の一文字」を発表して、
漢字を選んだ理由と共に、１年を振り返って参加者全員でシェアしています！

私は「再」を選びました。

・「再」発乳がんの手術
・人生を「再」起動した気分

・中学の同窓会での「再」会
・高校のOGバンドでの「再」会
・オーストラリア留学時代の友達との「再」会
・年4回のランウェイで、新たな自分を発見し「再」出発

清水寺での今年の漢字は、オリンピックの過去最多の「金」メダルでしたね。

先日のクリパで、個性豊かな漢字が並んだ「今年の一文字」大人だけでなく、小学生も発表して、成長を感じました。皆さんにとって、2016年の漢字は何ですか？

Happy wedding

親戚の結婚式に参列しました！
受付での素敵なサービスが印象的!!
参列者全員が、新郎新婦へのメッセージで、
4つの中から一番ピンと来るKey wordを選んで、
色紙に拇印を押して、証明書になるというもの。

・愛情
・笑い
・美味しい料理
・忍耐

私は「愛情」をチョイスしました！

（2017年5月13日）

あなたなら、何を選びますか？
メッセージカードには、
私の大好きな言葉
「No rain, no rainbow」を書いて贈ったのですが、まさか今日が雨になるとは予想していませんでした。
雨が降るからこそ、綺麗な虹が見られる！

21年前、新入社員の頃にKeyくんと出逢った思い出の場所のすぐ近くで、心が温かくなりました♡

決意表明

（2017年5月20日）

過去の自分と向き合い、自分の強みを見つけました。

＊スーパーポジティブマインド＊

↓2度の乳がんを笑顔で乗り越えた体験

＊太陽のような笑顔＊

↓闘病中、ドクターの言葉

＊共感力＊

↓目の前のあなたに寄り添う共感力

「使命」に気付き、前に進む決意表明をします。

過去の体験を全て価値にして、価値を提供すること。
強みを活かして、社会に貢献します。
まずは「コーチング」を始めます。
コーチングとは、
「目の前のあなたの問題点や悩みを引き出し、
ゴールを設定して、ゴール達成へ導く手法」
私の質問にあなたが答えることを繰り返しながら、
あなた自身の強みを見つけ、考え方や行動を引き出します。

今日も、心のカギを開いて、
笑顔と情熱を持って全力で生きよう！

手書きだからこそ伝わる想い

（2017年6月16日）

突然ですが今日、いよいよ最終回を迎えました。
「え？　何の最終回？」って感じですよね？
手術から1年。
2015年5月から、3週間に1度通院した治療です。
トータル2年間、雨の日も風の日も通いようやくラスト。
乳がんが再発したと分かった時、
もちろん動揺して、心がザワつきました。
が、次の瞬間には「大丈夫!!」という感情もわき、
初めて乳がんと診断された時より落ち着いて受け止められました。

主治医の嶋田先生には

「まさかミュージカルに挑戦するまで回復するなんて、驚異的！」
と言われました!!
お世話になったドクターや看護師さん、スタッフの方へ
感謝の気持ちを込めてお手紙を書きました。
LINE・メール・Facebook等、SNSでのコミュニケーションは
もちろん便利で毎日活用していますが、
時には手書きというアナログならではの良さも。
想いが届きますように♡

今日も、心のカギを開いて、
笑顔と情熱を持って全力で生きよう！

人生の宝物

（２０１７年７月２４日）

初挑戦したミュージカル
「A COMMON BEAT」～感じてほしい 共通の鼓動～
３公演が無事に終わり、心と身体が解放されました！
３ヶ月前は、初対面だった１０５人が
１００日・１００％で創り上げる舞台。
本番直前ギリギリまで、キャスト全員が、
演出や歌・ダンスの練習をして臨みました。
舞台用のメイクをした後、スタッフからのサプライズに泣かされ、
本番前に何度もメイク直し。

コモビをやるって決めたからこそ、出逢えた１０５人の素敵な仲間。
演出・プロデューサー・スタッフのみんな。
衣装・照明・音響を支えてくださった皆さま。
暑い中、誘導やチケット関係を担当してくれた
全国から集まったＷＣ（welcome cast）のみんな。

関東だけでなく、
札幌や名古屋からも応援に駆け付けてくれた素敵な仲間や家族。

最終的に、３公演で75人の方に
チケットをお届けしました！（当日券3枚含む）
大切な仲間や家族に支えられていることを改めて感じました！

演出のチュソンが、墨をすって書いた手書きのメッセージにある
「不揃いのたくましさ」を求めて作った公演。

「みんな一緒」で「揃っている美しさ」より自分の意思で
１０５通りのストーリーを生み出して作る舞台。
きっと観て頂いた皆さまにも
「A COMMON BEAT」「１つの共通の鼓動」が届いたと信じています。

人生の宝物の経験が、
また１つ増えました！
大好きな歌詞
「全てに今、感謝して～♪♪」

Enjoy Golf！

（２０１９年１月31日 アメリカ合衆国Waikoloa）

快晴の中で、気持ちいい風を感じながら
大好きなゴルフを楽しんできました！
ヤシの木に囲まれたかと思ったら
周りが溶岩に覆われていたり、
ボールを探していたら
すぐ隣の別荘のベランダから「ココの木の下にあるよ～」と
教えてくれるのは、ハワイっぽい。

ゴルフは、メンタルマネジメントにも最適のスポーツ。
ラウンド中に、トレッキングしている人が前から歩いて来たり、
リスがちょこちょこ散歩していたり。

驚くこともたくさんあったけれど、どんな状況でも「笑顔で楽しむ」思考のクセが付いている私！

２０１６年６月の手術後、しばらくの間右腕を上げられなかった経験があるからこそ、改めて健康な身体の大切さを感じています！

たとえ１００以上のスコアだとしてもロングパットが入ったり、ドライバーが気持ち良く当たったり、パーが取れたり。

何か１つでも良いところがあるだけで大満足！

→のたとえは、ゴルフ好きな人なら共感して貰えるハズ？

3年前の自分にも、
「今は、腕が上がらなくても大丈夫！
3年後には、ハワイ島でゴルフできてるから」と教えてあげたい(笑)。
日常の中でも、何か起きた時にどう捉えるかの思考のクセの積み重ね。
やっぱり大切だなぁと非日常体験をしながら感じた1日！

Chapter 2

Key for Smile

～今を笑顔で生きる！

本当に私の身体？

（２０２２年1月21日）

あまりにも突然過ぎて現実を受け入れることに戸惑った。
だって、お風呂から出ようと思ったら
急に足に力が入らなくなったから。

「えっ？　立てない……」

12月22日、人生初の救急車からまもなく1か月。
手術・検査・治療・リハビリ。
次々と繰り広げられる目の前のメニューを
波に乗るように進んできた。
手術前には、多くの方が応援・祈りのパワーを贈ってくださり、
おかげさまで、無事に終わり痛みから解放された。

少しずつ、現実を認めることに抵抗がなくなり
「コレが、今の私の身体」と受け入れられるようになってきた。

車椅子での移動は看護師さんのサポートがなくても動けるようになり、
バーに捕まりながらのカニさん歩きができるようになり、
歩行器を使って、歩く練習も少しずつできるようになった。

今まで当たり前だったことが突然できなくなるのは、
「不便」だけど、決して「不幸」ではない。
だって「命」があるから。

明石家さんまさんの言葉
「生きてるだけで丸儲け」が今こそ、まさに心に染みる。
入院中も、ＬＩＮＥやメッセンジャーで
励ましの言葉や動画を送ってくれたり。

「いつも祈っています」と伝えてくれたり。
家族や仲間の言葉にたくさん勇気をもらって
毎日、できることが増えているのは
励みになります。
焦らず、一歩ずつ進んでいきますね。

コロナの影響でたとえ家族でも、面会禁止。
これが、とにかく切ない。
だって、家から5分の距離なのに。
毎日、LINEやビデオ通話で近況報告をしています。

先生から検査結果や今後の治療方針の説明を受けるため
久しぶりに家族との再会が実現。
実際は、かなり厳しい現実を突き付けられたけれど
久しぶりの再会が嬉しかったなぁ♡

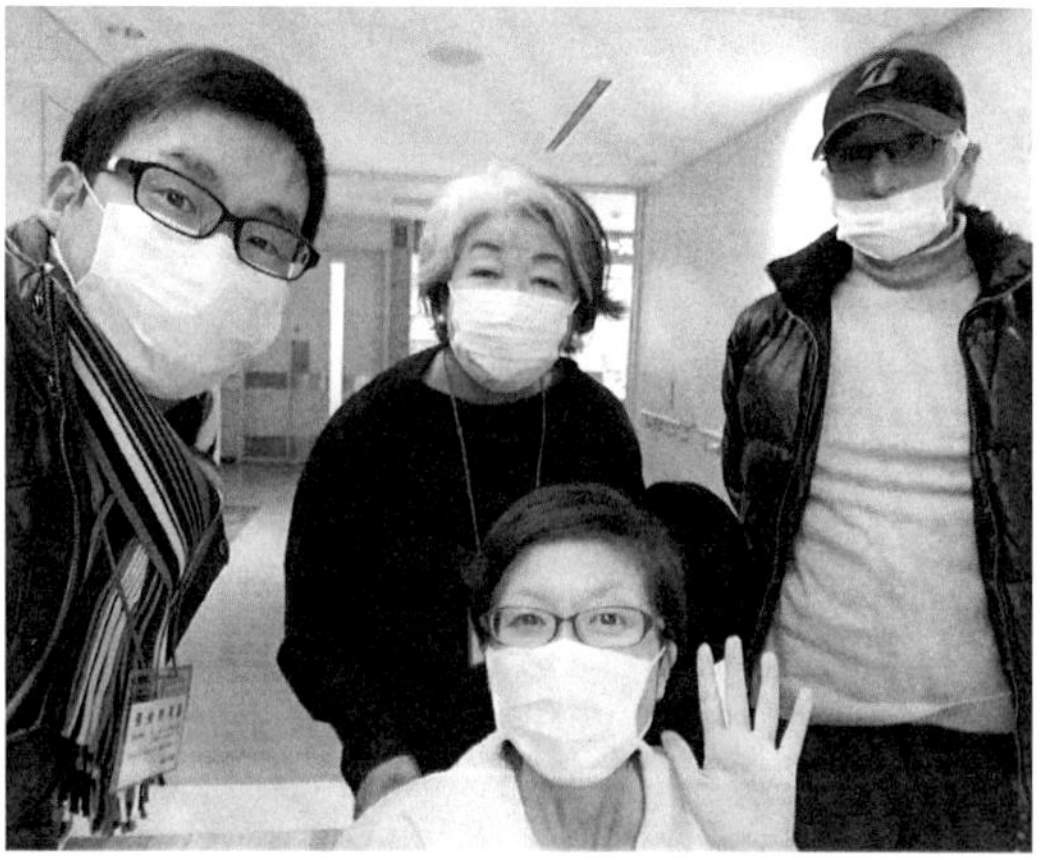

退院日が決まりました！

（2022年1月22日）

主治医やリハビリの先生
ケアマネージャーやスタッフの方と相談した上で、決まりました。
1月26日（水）に退院します！
もちろん、今後も治療やリハビリは継続しますが、
一旦「退院日」というゴールが設定されて、嬉しい〜（笑顔！）。

退院準備として、自宅には介護用のベッド、車椅子、歩行器、
お風呂やトイレにも椅子や手すりなど。
主人のKeyくんが、
ケアマネージャーや退院サポートの看護師さんと相談しながら、
準備してくれました（涙）。

コロナの影響で、徒歩5分の距離なのに
「家族でさえ面会禁止」という厳しく、切ない状況だったので、
毎日会えることが、一番の薬になりそうです！

緊急入院した時には、足に全く力が入らなくて、
サポートなしでは、「立つ・歩く」ができない状況だったのですが、
手術・リハビリのおかげで少しずつ、できることが増えてきました。
今後は、通院での治療や訪問でのリハビリに変更となります。

引き続き、焦らずゆっくり一歩一歩、進んでいきます。
音楽用語としても使われるまさに「少しずつ」という意味の
イタリア語「poco a poco」。
音も可愛いので、気に入っています。
今回の経験から、特に大切にしたい言葉の1つ。
Keyくん、色々と準備してくれてありがとう～♡

Ⅰ 笑顔の表現者
Chapter2 Key for Smile ～今を笑顔で生きる！

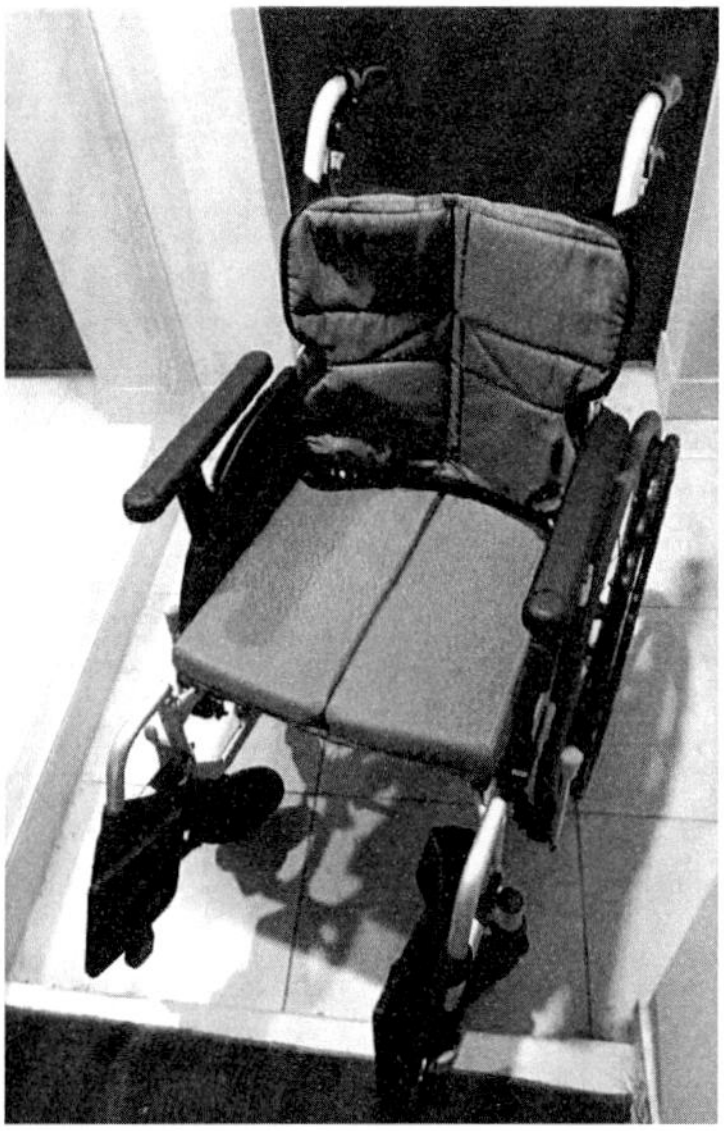

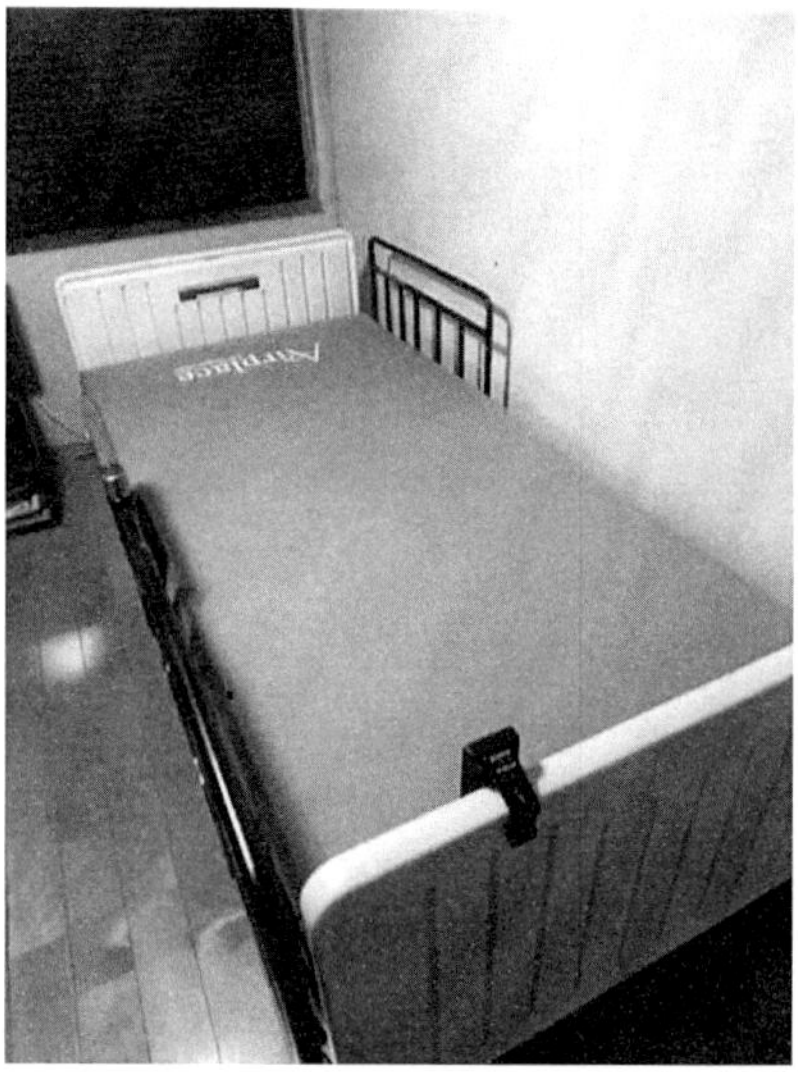

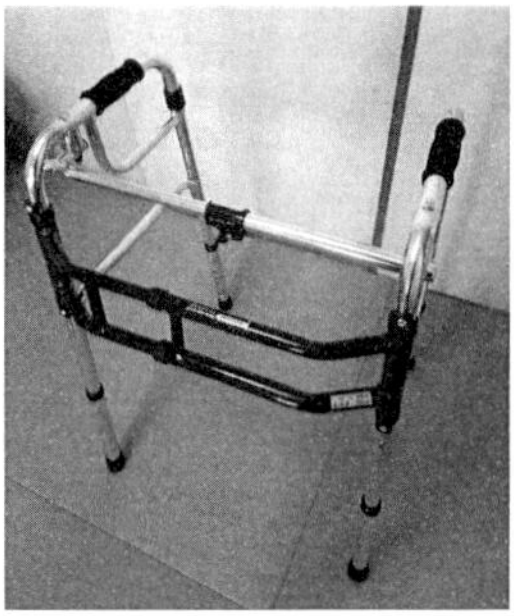

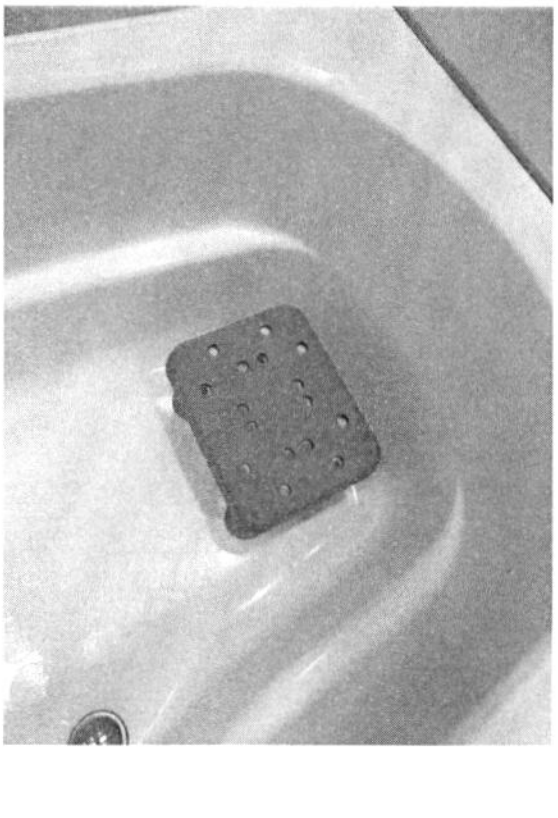

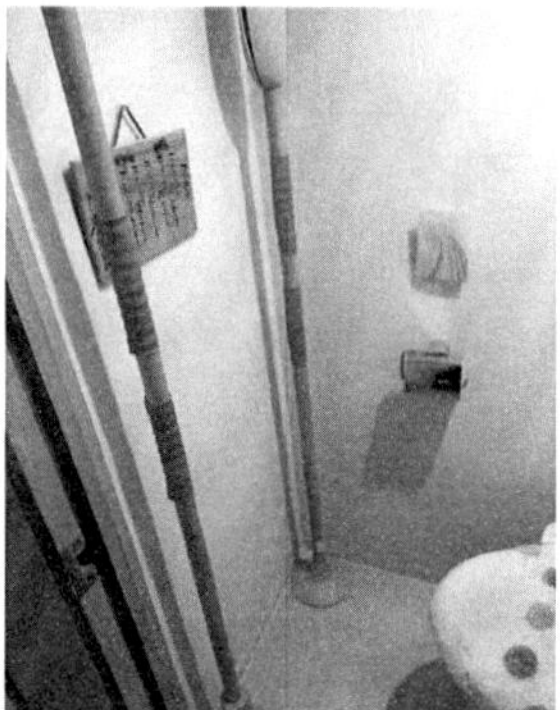

過去の自分からのエール

（２０２２年２月２日）

２０１９年２月２日、ハワイ島での思い出。
過去の自分から、エールを贈られた気分！
「あるもの」にフォーカスしよう!!

※ここからは3年前の投稿

♡あるものにフォーカス

気持ち良い快晴
ワイピオ渓谷の美しい大自然
大切なパートナーとの時間
馬のLillyとの対話

緑の匂い
何だか全てに幸せ感が溢れていて
空気が美味しいと感じ
ずっと深呼吸をしたくなりました！
誰もが日常の中では
「ない」ものに目がいきがち。
「ある」ものに目や心を向けたら
空気が美味しいと感じました！
もちろん、非日常体験中だからこそ
感じられることもたくさんあるけれど
日常に戻っても「ある」ものに
フォーカスできる人でありたいと
改めて感じた1日!!

AandF Co.
— GOODS —
ESTAB. 1892

３月の目標

（２０２２年３月１日）

あっという間に、今日から３月。
退院から、１か月が経過。
毎週、理学療法士の方が訪問リハビリで、我が家に来てくれて、
トレーニングをしながら筋力（特に脚力）アップしています！

歩行器を使いながら、日常生活そのものがリハビリになっています。
理学療法士の永野さんと相談しながら、３月の目標を設定しました！
「自宅前の桜並木を歩行器でウォーキングすること」

ちなみに、２月の目標は「湯船に入ること」。
退院直後は、シャワーチェアという大き目のイスに座って
足だけを湯船に入れる足湯スタイル。

そこから、お風呂の入口にある手すりを使いながら
湯船につかることを目標にして2月18日に目標達成!!
当然ですが、足湯スタイルの時より身体の芯から温まるので
お風呂上がりのポカポカ具合に大きな差があり幸せ度数もアップ!

昨年末、突然「立つ・歩く」が、
サポートなしではできなくなった私。
緊急入院・緊急手術をした時点では
「このままずっと車椅子かな?」と覚悟したものの、
「やっぱり、またゴルフもしたい」
「海外旅行にも行きたい」と新たな目標が、ムクムク出てきた!

一旦リセットして新たにスタートした感じ。
少しずつだとしても確実に前に進んでいる感じ。
「周りと比べるのではなく比べるのは昨日の自分」を心から実感。
改めて、日常の「当たり前」の中に幸せが溢れていることに

感謝する日々を過ごしています。
人生に目標があるって大切だし、幸せですね。
あなたは、３月の目標設定、しましたか？

3月の目標
自宅前の桜並木を
歩行器で
ウォーキング
2022.Mar.1st

近況報告はがき

（２０２２年３月３日）

桃の節句・新月の今日、届くように投函しました。

親戚・学生時代の恩師・仲間、
前職でお世話になった方々の中には、
ＳＮＳでは繋がっていなくて
年賀状でのやり取りのみの方もいらっしゃいます。

そんな方々に向けてその方のお顔を思い浮かべながら
一言ずつ手書きのメッセージを添えて近況報告はがきを送りました。

こちらには、後で振り返った時の履歴として、アップしますね。
素敵なひな祭り、新月をお過ごしください。

桃のつぼみも膨らみ、いよいよ本格的な春が近づいてまいりました。
皆さまにおかれましては、ますますご活躍のことと存じます。

我が家では、昨年末より、思いがけない事態が起こりましたが、
少しだけ心にゆとりが生まれましたので、近況をお伝えしたく、筆を執りました。

実は、昨年12月22日、麻由の緊急入院・緊急手術がありました。
残念ながら、乳がんの骨への転移による脊髄損傷の為、
背骨にいくつかのボルトを入れる手術でした。

執刀医・看護師・スタッフの皆さまはもちろん、
家族や仲間のサポートのおかげで、
1月26日に無事退院しました。

現在は、理学療法士の方の訪問リハビリのおかげで、
歩行器を使いながら、少しずつできる事が増えてきました。

これまで当たり前だった事ができなくなるのは、
とても不便ですが、決して不幸ではありません。
むしろ、日常の中に幸せが溢れている事に、感謝しています。

これからも、夫婦で共に支え合いながら、乗り越えて参ります。
皆さまも、どうぞご自愛くださいませ。
今後とも、よろしくお願い申し上げます。

2019/09 Phuket

2022年3月吉日
鋼一・麻由

3月の目標達成

（2022年3月31日）

3月1日に、目標設定の投稿をした私。
「自宅前の桜並木を歩行器でウォーキング」
投稿した時点では
車椅子と歩行器の使用頻度は50%ずつくらいの状態。
まだ、歩行器は家の中だけで外出したことはなかったので
「目標達成できるかなぁ。できたら嬉しいなぁ～」という段階。

そんな時、投稿直後に村上好さんから、
コメントとダイレクトメッセージが届きました！

「まゆポン
一緒に桜を見ながら、散歩しよう。

桜が咲いたら、また連絡するね」って。

さらに、3月27日に再度メッセージ。
「温かくなって、桜も咲き始めたね。
いつなら大丈夫かな？」
昨日、我が家まで迎えに来て頂き、
満開の桜を楽しみながらお互いの近況報告。
1時間くらいの短い時間でも濃厚な時間でした！

段階に応じた（高すぎず、低すぎず）程よい目標を設定する。
気持ちがワクワクしてスイッチON！
私の場合は、目標があったおかげで、リハビリも楽しめた！
宣言すると、応援してくれる人が現れる。
しかも、自分だけでなく仲間と共有すると、実現しやすい☆

好さんのおかげで3月の目標達成しました。

ありがとうございます♡

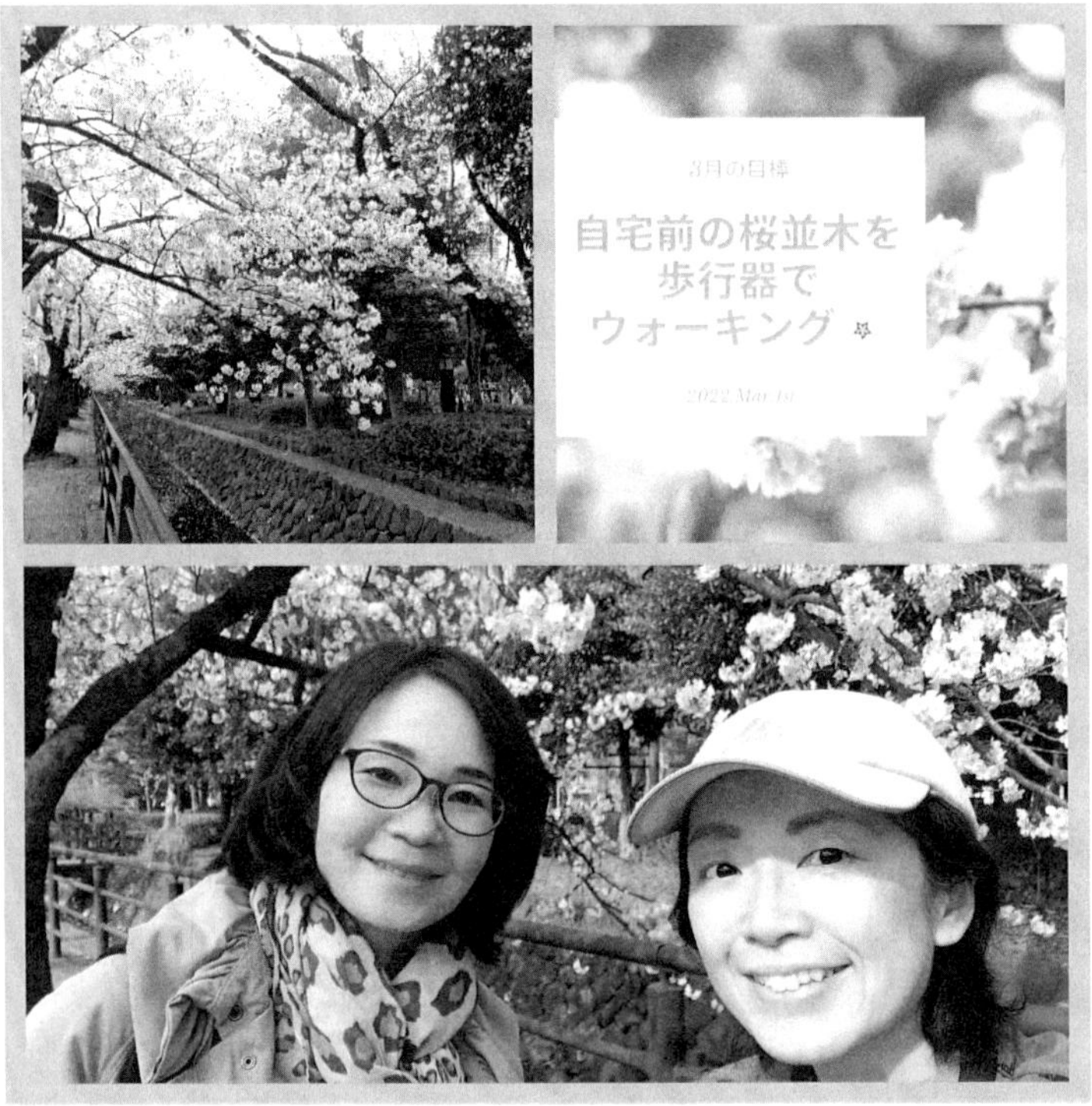
3月の目標
自宅前の桜並木を
歩行器で
ウォーキング
2022 Mar 1st

車椅子で電車デビュー

（2022年4月19日）

先日、退院後初めて車椅子で電車に乗りました。
たとえどんなことでも、新たなチャレンジはワクワク・ドキドキ！

今まで気づかなかったけれど、
東横線のホームにある転落防止の扉には、
QRコードがあって、駅員さん同士がアプリで連携。
車椅子ユーザーの乗車情報が、何時何分発の〇号車〇番からと、
瞬時に送信されていました。

車椅子だと、今までとは視点・視野・視座が変わるので
道端に咲いているたんぽぽや白い小花も見逃さず。
そんなことを感じながら

「笑顔のカギちゃんねる」に7本目の動画をアップしました！

全力笑顔

（２０２２年５月１日）

６年前のＧＷは、夫婦２人、ハワイで過ごしていました。
私の夢だった「いるかと泳ぐ」を叶えるために。
再発乳がんの治療中で髪の毛はツルツル、
まつげも全〜部抜けちゃったけど夢が叶った瞬間、最高の笑顔！

「夫婦喧嘩ってするの？」
「仲良しの秘訣は？」と今日も聞かれました。

Ｙｅｓ!!
５年付き合って
結婚して22年
数えきれないくらい

喧嘩もしたけれど
出逢った頃より
右肩上がりに仲良くなってる♡
仲良くなる一番のポイントは
「過去のこの日」の
Facebookが教えてくれた
全力笑顔!
治療中のがん患者と
その家族には
全く見えない、明るい笑顔に
6年後の私自身も
元気を貰いました!
この投稿を読んでくださった
あなたとあなたの大切な方が
笑顔になりますように♡
Mahalo!

Ⅰ 笑顔の表現者
Chapter2 Key for Smile 〜今を笑顔で生きる！

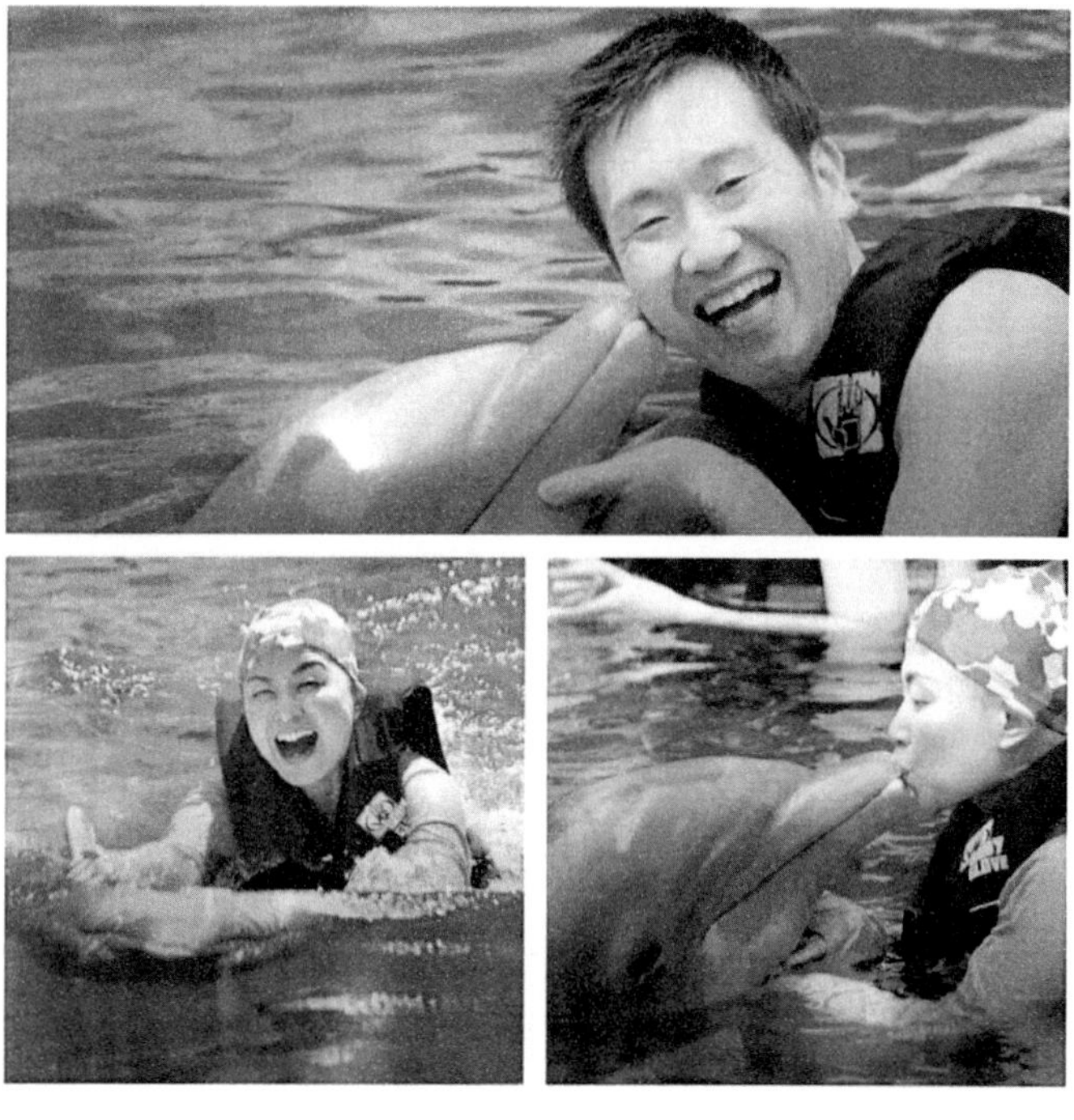

今を笑顔で生きる

数ヶ月間、マンションの大型修繕工事中。
工事担当の皆さんの事務所に貼ってあるチラシに、
心がほっこり♡
「みんなをSmileにしよう」
「いつでもSmileしようね」
「しんどい時ほどSmileで」
「あんまり笑顔とか
得意じゃないけどSmileで」
見ていて、気づいたら
口角が3㎜アップ⤴⤴
やっぱり、笑顔って大切～

（2022年6月24年）

星に願いを！ When you wish upon a star（２０２２年７月７日）

７月７日　今日は七夕
子供の頃、七夕の日は短冊に願い事を書きましたよね？
せっかくなら、願いを叶える方法で大人も書いた方が良いのでは？

「大好きなゴルフ復活する」「〇〇しますように」よりも
「〇〇する」と宣言したり「〇〇しました」と完了形で
既に叶った時の気持ちで書いた方が、実現しますよ！

１月末の退院時は、車椅子でしたが、
「必ず、大好きなゴルフ復活する」と
「車椅子からゴルフ復活までの歩み」と
サブタイトルを付けて

YouTube「笑顔のカギちゃんねる」にリハビリ奮闘記をアップしています。
チャンネル登録して頂けたらとても嬉しいです！

おかげさまで「車椅子→歩行器→杖」。
家の中では、杖なし歩行まで回復しました！
毎週木曜日の午後は訪問リハビリ。
というわけで、今日もゴルフ復活に向けて
リハビリを楽しみながら頑張ります！

♡天然のプラネタリウム

ハワイ島で見た天の川。
流れ星の数々。
神秘的な体験。
また訪れたい場所のひとつ。
必ず訪れる想いを込めてシェア。

＊＊＊5年前の大切な思い出＊＊＊

～2019年2月11日の投稿～
ハワイ島の最後の夜
マウナケアパークの
地上2000mで見た満点の星空！
感動と興奮で上を見ながら
叫んでる写真。
もはや誰だか分からないけど
正真正銘、私達夫婦です（笑顔）。
この直後、地べたに寝っ転がって
空から降って来そうで
手を伸ばせば届きそうな
天然のプラネタリウムを満喫。
実は帰国後、しばらく左耳だけ
「シャンシャン」というので

耳鼻科に行った所、
「何か非日常的な体験はありませんでしたか？」と聞かれ
・ゴルフ
・3時間の乗馬
・マンタのシュノーケル
・溶岩の上を歩く
・地上2000mでの星空観察

「飛行機に乗るだけでも気圧差が激しいのに
20代のアスリートのような行動範囲で、
耳が追いついていません」と言われました。
今日は、ゆっくり休んだので無事に回復しましたよ〜
やっぱり、リアルで体験しないと
ハワイ島の星空の感動は伝わらないと思いますが
本当に神秘的な体験、感動を夫婦で共有できたことに感謝♡

♡おめでとうのシャワー

１９７３年６月29日
高知県で生まれた私。
今日49歳になりました。
日付が変わったと同時に
（中には嬉しいフライングの方も）
たくさんの「おめでとう」のシャワーを
Facebook・メッセンジャー・ＬＩＮＥ等で頂き
本当にありがとうございます♡

実は、昨年も投稿したのですが、
もし誕生日メッセージを頂けるのであれば
こちらの投稿にコメントを寄せて頂けたら嬉しいです。

テーマ：

「カギマユ（まゆポン）のココが好き」
たった一言でも頂けると嬉しいです☆
さらに、YouTube「笑顔のカギちゃんねる」
チャンネル登録して貰えたら最高のプレゼントになります♡

◇◆◇

２００９年３月10日、
初めての人間ドックで乳がんと宣告され
「この状況ですと、５年後の生存率は……」と言われ、
頭が真っ白になり、
「人の命の期限を勝手に決めるな!!」と
心で叫んだあの日から13年４か月。

２０２１年12月22日、
乳がんが骨に転移し突然、歩けなくなり
緊急入院・翌日の緊急手術から半年間。

リハビリしながら、車椅子から歩行器へ。
今は家の中では杖で（短い距離なら杖なしで）
歩けるようになりました。
私は、今日も元気に笑顔で生きています（笑顔）。
笑顔で「今」を生きる大切さ、
ピンチをチャンスに変える「レジリエンス（心の回復力）」を
伝えることこそが生かされた命の使い道
「使命」だと確信しています☆

◇◆◇

「大切な家族・仲間・命・時間を
心から大切にできる生き方をしなさい」
「身体は1つしかないんだよ」という
メッセージだと受け止めました。
命のバトンを繋いでくれた先祖・両親・家族、
一番近くで応援してくれるKｅｙくん、

22年前、山本麻由から鍵麻由になり、
新たに繋がった家族に改めて、感謝♡

◇◆◇

私からあなたへ贈るのは
大好きな言葉
「No rain, no rainbow」
雨が降るからこそ、
美しい虹が見られる。
辛い経験を乗り越えた先には
素晴らしい未来が待っているよ☆
皆さんにも、幸せのシャワーが降り注ぎますように。

49年間で出会った全ての皆さま、
未来に出会う全ての皆さま、
ありがとうございます♡

Ⅰ　笑顔の表現者
Chapter2 Key for Smile 〜今を笑顔で生きる！

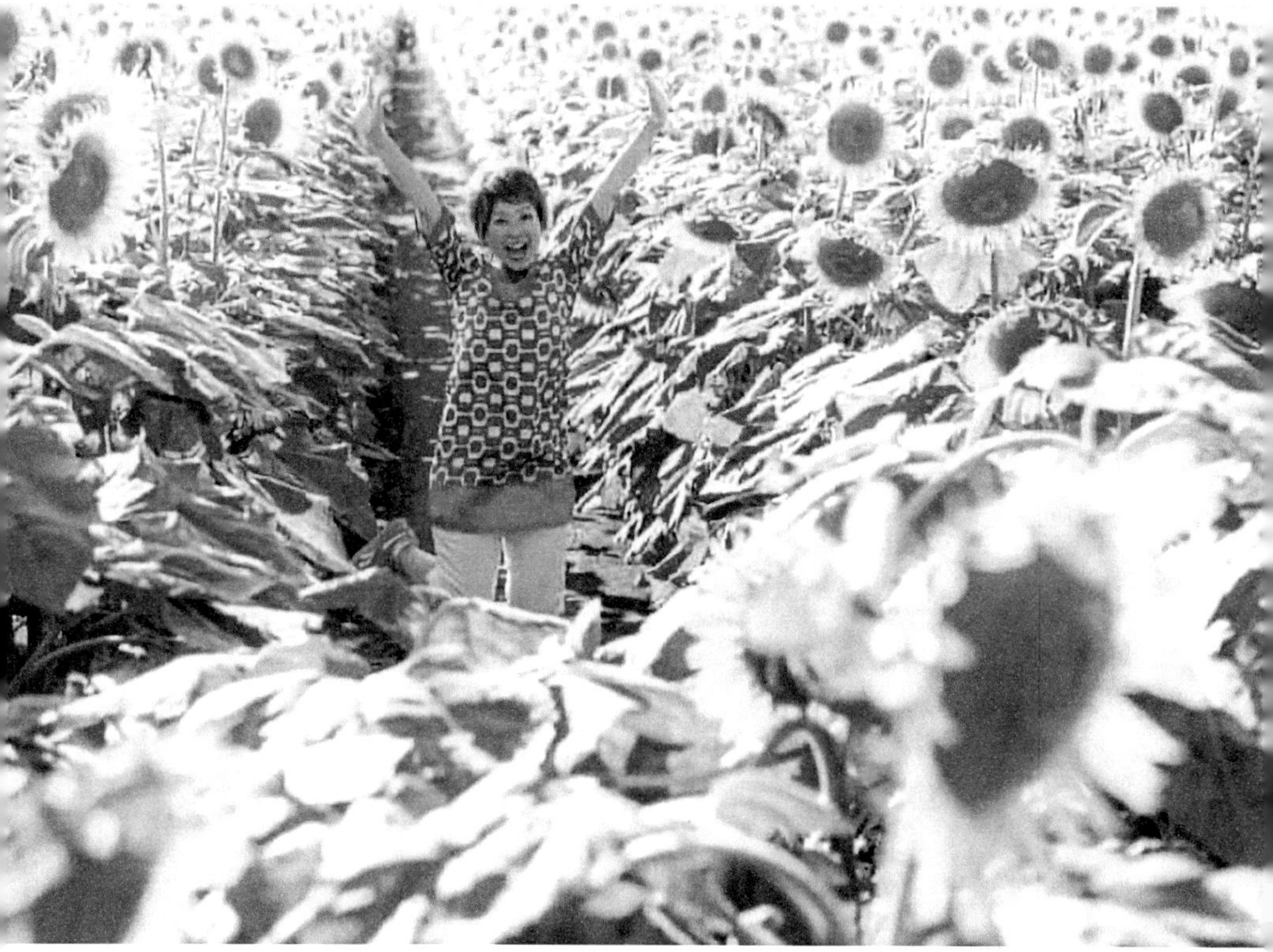

笑顔の花も満開

（2022年7月30日）

子供の頃から、大好きなひまわり。
「ひまわり畑で写真撮影」はやりたかったことのひとつ。
4年振りに、栃木県野木町のひまわり畑へ。
大好きなフォトグラファーの鶴岡悠子さんに撮影して頂きました。

太陽に向かって
まっすぐに咲く
満開のひまわりに
元気をもらい
エネルギー満タン！
常に、ポジティブな言葉をかけてくれたので
笑顔の花も満開!!

歩行器で向かったものの撮影中は、ほとんど使わず。
今の私だからこその写真。
新たな宝物が増えました。
悠子ちゃん、ありがとう♡

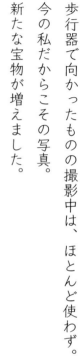

Re-born記念日

（2023年7月20日）

50年間の人生を振り返ると
「何回、生まれ変わってるの?」というくらい、忘れられない
「Re-born 記念日」がある私。

2016年7月15日
この日も、まさに生まれ変わった日。

1か月前に、再発乳がんの摘出手術をした患者には、見えない!!

主治医の先生はもちろん、
家族も、私自身も想像を超えたランウェイにびっくり。
まさか、センターで投げキッスができるとは!

これからも、人生のランウェイを笑顔でまっすぐ歩いていきます!!
あなたは、人生のランウェイをどんなふうに歩いていきますか？

23rd Wedding anniversary

（2023年11月18日）

2000年11月18日代官山の「シンポジオン」
「現在は、Maison Paul Bocuse メゾン ポール・ボキューズ）で
挙式・披露宴をした大切な記念日。

23年前、
初めてウェディングドレスに袖を通した日のドキドキを思い出しました。

残念ながら、子宝には恵まれなかったけれど、
だからこそ、2人の時間を大切にしてきた私達。

2度の流産・2度の乳がん。
さらにこの2年は骨に転移し、突然歩けなくなった辛い経験も

Ｋｅｙくんと一緒だったからこそ、乗り越えられました！
23年前の私よりたくさんの経験をした今の私は
ピンチをチャンスに変え心が豊かになり、
2人の絆も、より深くなりました。

いつまでも、夫婦仲良くいられる秘訣を時々聞かれます。
もしかしたら、23年前の約束にヒントがあるのかも？

「いつまでも、お互い素直にありがとうと言い合える夫婦」

これからも、守っていきます。

いつも一番近くで応援してくれて、
自分でも驚く程、喜怒哀楽の全てをさらけ出せるＫｅｙくんとの出逢いと
両家の両親に、改めて感謝。

やっぱり、みんな若いなぁ（笑）
いつもありがとう♡

※本書の奥付日2024年11月18日は鍵夫婦の24回目のWedding anniversaryです。

２０２３年ありがとう

今年も残すところ4時間となりました。
２年前の年末年始はまさかの病院のベッドの上。
突然「立つ」「歩く」ができなくなり12月22日に緊急入院。
背骨に14個のボルトを入れる大手術。

コロナ禍の入院で家族でさえも面会禁止。
２年前の大晦日は、看護師さんのサポートがないと寝返りすら打てず。
正直、不安と孤独で押しつぶされそうで、
49年間生きてきて一番辛く寂しい大晦日でした（涙）。

人生最大のピンチから這い上がることができたのは
家族・仲間・医療従事者の皆さまのサポートのおかげさま。

（２０２３年3月31日）

真っ暗闇の中でも一筋の光を信じて一歩ずつ進んできたからこそ、
車椅子・歩行器・杖から自転車に乗れるようにまで復活できました。

スグにアクセルフルスロットルになりがちな私。
時には、アクセルから足を離して
ゆっくりのんびり過ごすことも大切〜と、
生き方を見直すきっかけと受け取りました。

２０２３年、
エールを贈ってくださった皆さま
本当にありがとうございました♡

20代の頃、ラスベガスで
ド派手なカウントダウンを経験したこともあったけれど、
自宅でゆっくり主人と
年越しそばを食べながら過ごす時間に、改めて感謝。

２０２４年も日常の当たり前の中に
幸せが溢れていることを忘れずに
「今を笑顔で生きる」を毎日丁寧に積み重ねていきます。
皆さまも良いお年をお迎えください。

Chapter 3

[Reprise] No rain, no rainbow
～負けないココロ

新たなチャレンジ

（２０２４年１月29日）

昨年10月から参加している
文章・言語化の専門家拓ちゃんことさんのライティングサロン。
サロン主宰の出版コンペに挑戦しました。

ドキドキしながらエントリーを決めた日から、
・Ａ４サイズ１枚の企画書・ＰＲ情報わずか90秒のプレゼン
・質疑応答の準備
・自分自身の強みやコンテンツ
私が届けられることは？

とことん向き合う時間を通して言語化することの難しさと奥深さ。
コンペ当日、朝のリハーサルでは珍しく緊張しすぎて、頭が真っ白に。

午後からの本番直前にプレゼンの順番が発表され
21人の中でまさかのラストスピーカー。

ドキドキしながらも
仲間のプレゼンが素晴らしくてモチベーションも上がり、
直前のマーサことさんのプレゼンで
「とにかく楽しむ」のバトンを受け取りました♫

残念ながら、出版社の方の手はあがらなかったけれど、
本番では今できるベストを尽くすことができたので、
後悔はなくスッキリ〜

編集者の方の丁寧なフィードバック、
共にチャレンジした仲間の存在、
応援してくれたサロンメンバー、
動画撮影や運営をしてくださった事務局のスギちゃんことさん、

プレゼンのリハーサルでフィードバックをしてくださった
MOMOさんこと山口朋子さん、
一人ひとりに寄り添い丁寧に添削してくださった拓ちゃん、
ありがとうございました♡

ここまでのプロセスも含めてすべての経験は、宝物！
足りないところも見えたので
拓ちゃんから受け取った「マラソン思考」で
歩みを止めずに進んでいきます！

どう生きるのか

（２０２４年２月１日）

親族の葬儀参列のため
午前中は、両親と共に東京タワーの隣の増上寺へ。

社葬との合同葬だったのでかなり大規模な葬儀でした。
故人が、社員の方々からの人望がどれほど厚かったのか
常に前向きにまっすぐに生きてきたのか
家族との時間を大切にされていたのかが伝わりました。

1月20日にも、叔母の葬儀で香川県に行ってきたばかり。
まさか、こんなに短い間に２人も見送ることになるとは。

改めて「命」「家族」「生きる」と向き合う時間となりました。

私は、やっぱり「今を笑顔で生きる」青空の東京タワー。
増上寺へ宣言！

杖さえあれば、どこにでも

（2024年2月8日）

毎週木曜日は、訪問リハビリｄａｙ。
理学療法士の中川さんが
体温・血圧・酸素濃度の計測や1週間の体調をヒアリング。
全身の筋肉をほぐしてもらいながら
関西出身の中川さんと話していると、大爆笑！
車椅子の状態から、
今では、杖さえあれば、
どこにでも行けるように回復できたことに改めて感謝！
骨転移した乳がんの治療・リハビリはこれからも継続しますが
私らしく笑顔で進んでいきます！

※ここからは2023年2月8日の投稿

♡介護用ベッド卒業

2022年1月末、退院時は車椅子だった私。
入院中に、ケアマネージャーの方が
地域医療の方々と連携し介護用品なども、準備。

回復した今となっては信じられないけれど
当時は、頑丈なコルセットを付けてサポートがないと
ベッドから起き上がることすらできなかった。

介護用ベッドのリクライニング機能にもかなり助けてもらいました。
数か月前からリクライニング機能はほとんど使わなくなり
自分自身で日常生活を送るのに支障がない状況。
介護認定も見直しされて介護用ベッドのレンタル終了。

今朝、解体・返却しました。

入院中に「要介護2」の認定を受けて介護保険のおかげで
その時の身体状況に合わせて
様々な介護用品をレンタルし、お世話になりました。

・介護用ベッド　※リクライニング機能付き
・車椅子（外出用・室内用）
・歩行器（外出用・室内用）
・シャワーチェア
・トイレ内のサポート用手すり
・杖

これまでお世話になった介護用品の数々。
1つ1つの介護用品と共に
様々な人・場所・想いを振り返ることができました。

「ピンチをチャンスに変える」って言葉にするのは簡単だけど
実際には、大変なこともありますよね。
どんな状況でも、希望を持って
「今できること」にフォーカスして
昨日の自分を1㎜でも超えるよう一歩ずつ進んできたら、
振り返ると、たくさんの挑戦や卒業がありました。

お世話になった介護用品の数々。
ケアマネージャーの中馬さん
介護用品の担当　村上さん
毎週、訪問リハビリに来てくれる理学療法士の永野さん
主治医の秀村先生
がん相談支援センター、看護師の倉戸さん
医療従事者の皆さんはもちろん、
どんな時も、支えてくれる家族や仲間の存在に、改めて感謝♡

骨転移した乳がんの治療・リハビリはこれからも継続しますが、私らしく笑顔で進んでいきます！

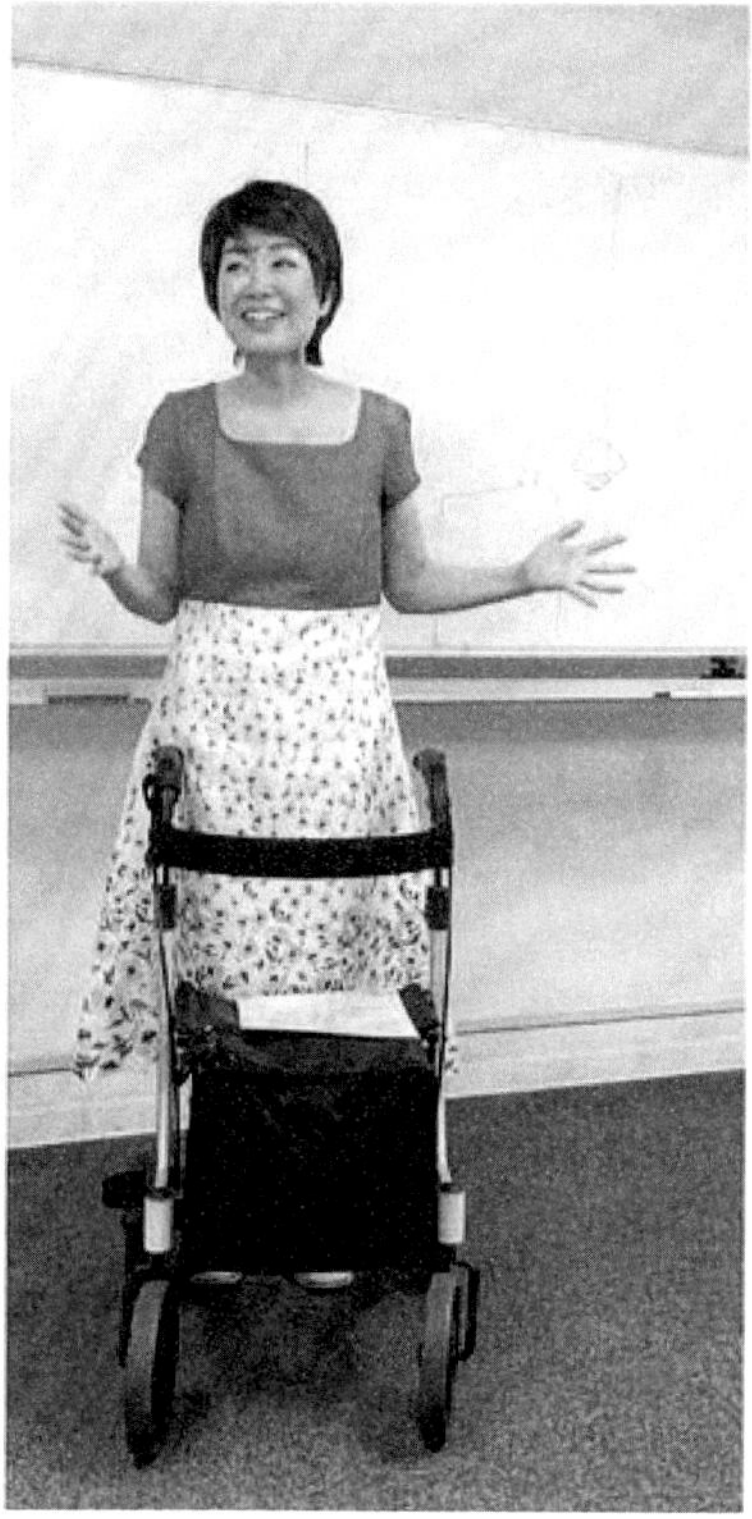

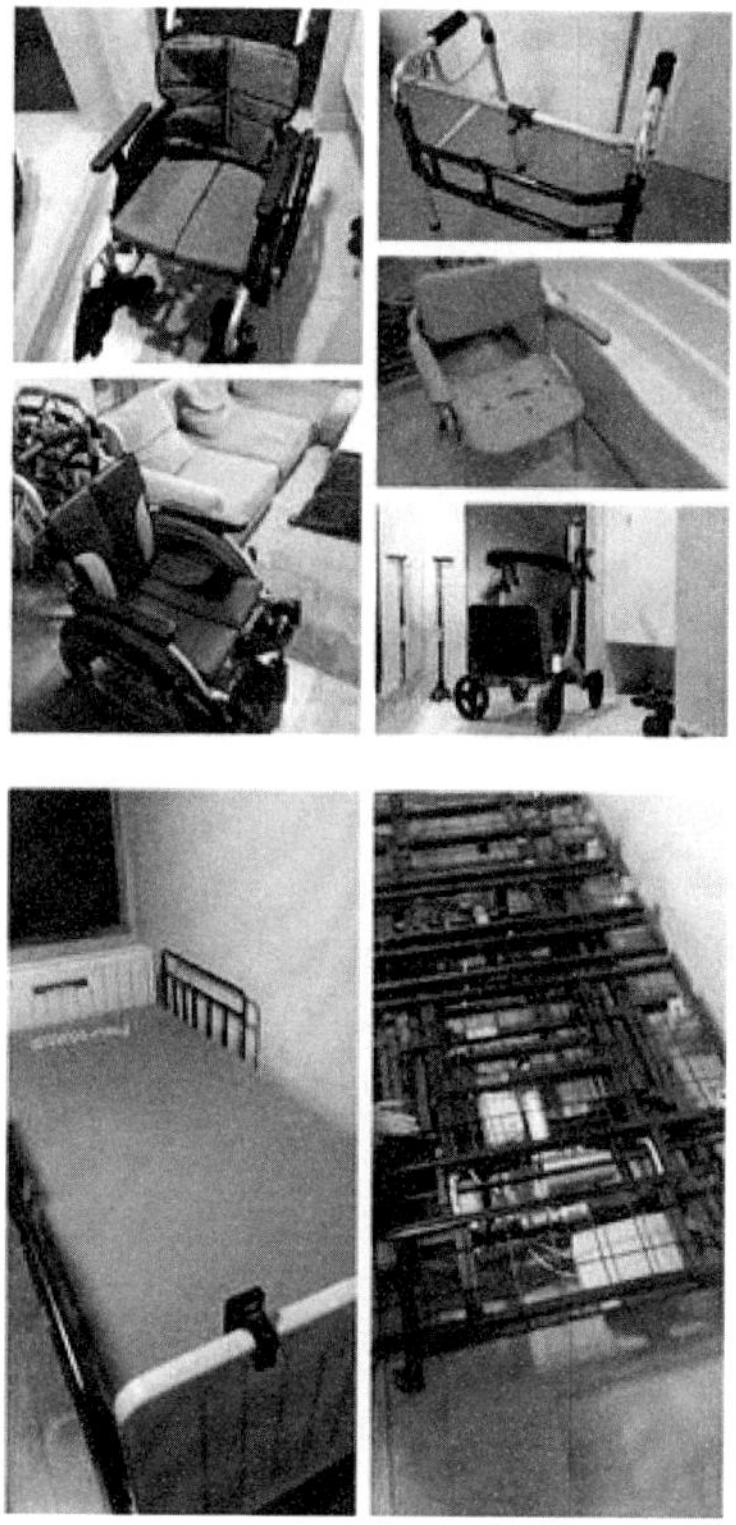

逆プロポーズ記念日

（2024年2月14日）

毎年、2月14日に投稿していますが
あなたは、記憶に残るバレンタインの思い出って、ありますか？

1999年2月14日。
当時、25歳だった私は、気持ちを込めてチョコレートケーキを作り、
「結婚してください」と言って渡しました！

そう、精一杯の〝逆プロポーズ記念日〟。

喜怒哀楽の全てを、
自分でも驚く程、素直に表現できるKeyくんと出逢えたことに、
感謝しています。

２度の流産
２度の乳がん
骨への転移（現在進行形）

という辛い経験も
Ｋｅｙくんと一緒だったから乗り越えられました。

辛い経験のおかげで、
２人の絆が、より深くなりました。

毎年バレンタインデーになると、
逆プロポーズのドキドキ感を思い出します♡
大切な人に、想いを伝える日。
感謝を伝える日。

いくつになっても、素直に想いを伝える気持ち、大切にしたいですね。

いつもありがとうございます。

あなたは、誰に感謝を伝えますか？

自分自身への感謝も忘れずに。

♡Happy Valentine♡

写真は、2020年2月　結婚20周年記念のオーストラリア旅行

建立９００年記念

（２０２４年３月10日）

世界遺産の平泉、
毛越寺《もうつうじ》の次に訪れたのが、中尊寺。
ちょうど、金色堂建立９００年記念。
金色堂や本堂は、撮影ＮＧでしたが
９００年前に建てられたって凄〜い!!
人間の可能性って想像を超えるなぁと感じました。

２年前の今頃は、車椅子。
去年は、杖で外出はできたけれど長距離を歩く体力はなかった私。
中尊寺は、坂の上にあるので少し心配でしたが、
雪の中でも、杖さえあれば大丈夫〜と確信！
小さくても、一歩ずつ歩みを止めなければ、ゴールに辿り着きますね！

金色堂建立九百年
奉拝
金色堂
関山中尊寺
令和六年
三月九日

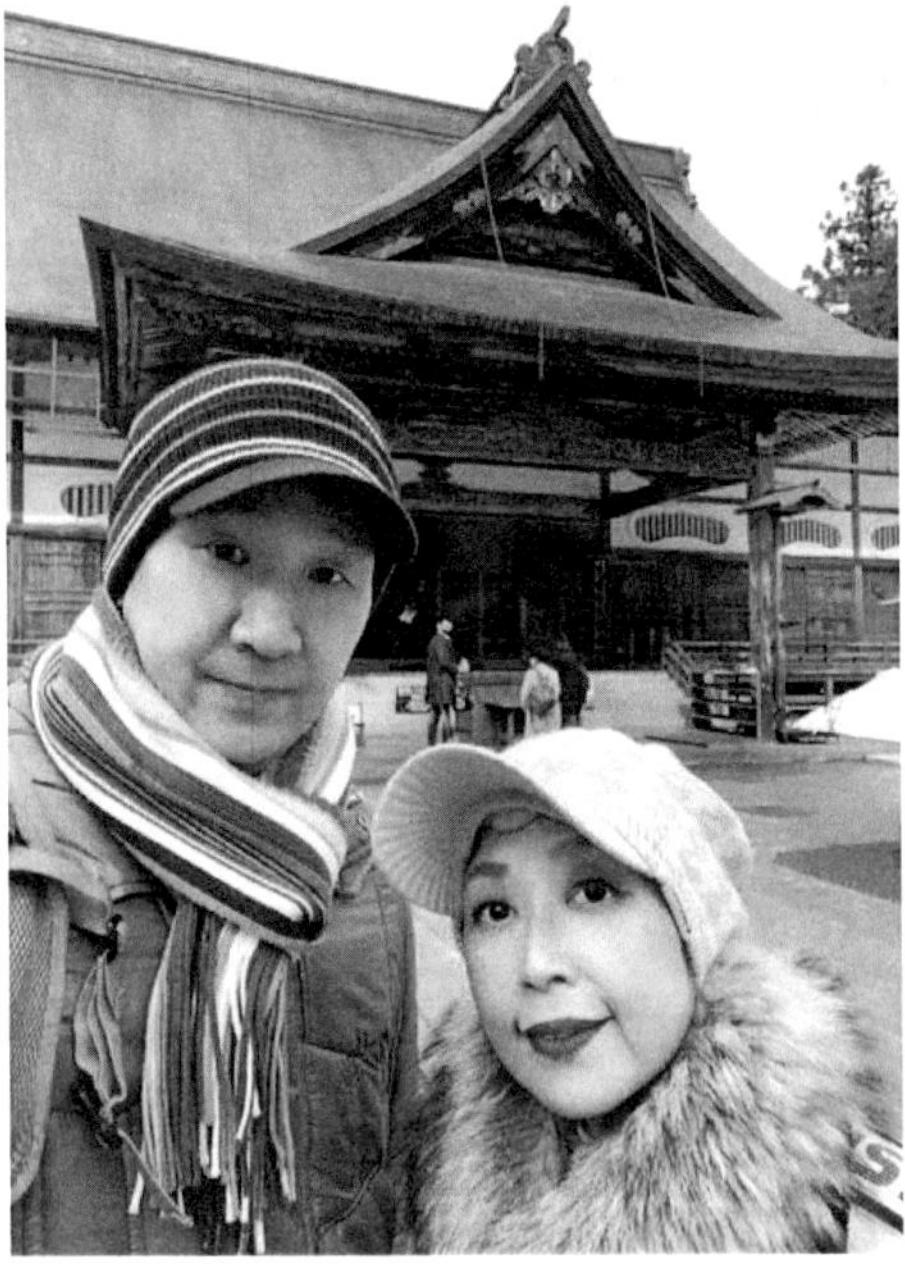

金色堂建立900年
2024年
3月 9日

ミニコンサート♫

（2024年3月12日）

昨年4月～毎月1回オンラインで
開催されていた、関東労災病院の患者会（＝オレンジ会）。
今月は、特別バージョンで病院内の講堂でのコンサート♫

しかも演奏者は
外科・消化器内科・産婦人科・皮膚科などの先生方や
看護師さん、臨床心理士や作業療法士さん。
外は寒い雨でも和やかな雰囲気の中、心はポカポカ。
しかも、プログラムは大好きな曲ばかり！

♪ラプソディー・イン・ブルー
♪星に願いを

♪You Raise Me Up
♪アラベスク第1番
♪Beauty and the Beast
♪Believe
♪A Whole New Word
♪いのちの歌
♪東京ブギウギ

先生方の多才ぶりに感動！
ピアノ・ピアニカ・ビオラ
オーボエ・クラリネット
ハンドベル　など。
正直、想像を超えるクオリティーにびっくり～
ディズニーの2曲は私自身も結婚式で
恩師・先輩・仲間と共に演奏した思い出の曲！

竹内まりやさんの『いのちの歌』は
何度聴いても、毎回涙が溢れます。

泣きたい日もある
絶望に嘆く日も
そんな時そばにいて
寄り添うあなたの影
二人で歌えば
懐かしくよみがえる
ふるさとの夕焼けの
優しいあのぬくもり
本当にだいじなものは
隠れて見えない
ささやかすぎる日々の中に
かけがえない喜びがある
いつかは誰でも

この星にさよならを
する時が来るけれど
命は継がれてゆく
生まれてきたこと
育ててもらえたこと
出会ったこと
笑ったこと
そのすべてにありがとう
この命にありがとう

〈竹内まりや『いのちの歌』 作詞：Miyabi〈竹内まりや〉作曲：村松崇継〉

コンサートに関わった皆さま
感動をありがとうございました!!

SPRING CONCERT
3月オレンジ会
（患者会）
コンサート
2024年3月12日（火）13:30～
関東労災病院
緩和ケアサポートチーム

まゆポンのトリセツ

久しぶりに、エムグラム診断。

・チャレンジ好き
・人と会うのが好き
・スーパードライ

自覚はあったけれど「やっぱり〜」って感じ。
ズボラは、
一番近くのKeyくん（＝主人）以外の人には
バレていないかも？
だけど自覚あり！

（2024年3月28日）

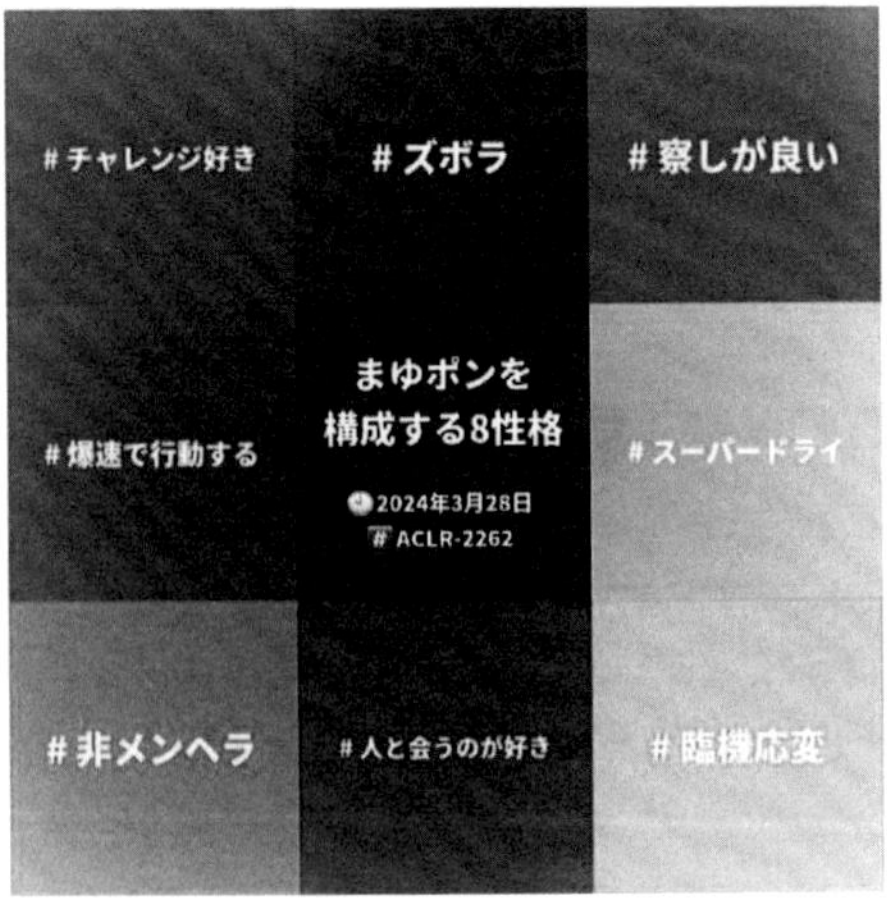

新たな扉

（2024年4月1日）

4月1日 新年度のスタートですね！
1996年 当時22歳の私。
約1000名参加の入社式で新入社員代表スピーチ。

「今日から私たちは
これまでの学生生活に
ピリオドを打ち、
新たに、社会人としての
第一歩を踏み出しました！」

ドキドキしながら未来の自分に笑顔でコミット！
28年経過したけれど、

あの日のドキドキは忘れられないなぁ。
今日から新たな気持ちで、
あの日の自分に恥ずかしくないよう今を笑顔で生きる！
写真は、数年前の沖縄にて。

こどもの日

皆さん、GW後半、いかがお過ごしでしょうか？
昨年5月5日の投稿で懐かしい写真を発見！
5月5日はこどもの日。
我が家にとっては結婚に縁がある日。
2000年5月5日
鍵家・山本家、両家の顔合わせをした日。
実は、私の両親の結婚記念日でもあります。

2024年は富山県高岡市（父）、香川県高松市（母）、
ルーツを巡る旅に行きたいなぁ。
実は、私の両親が横浜のマンションを手放して
香川県高松市に移住することを決めました！

（2024年5月5日）

決めた途端、色々なことが動き、
4月24日から高松に出発する5月13日までの
期間限定で
我が家での4人暮らし中。

あっという間に、10日間経過。
改めて、ルーツに感謝♡
皆さんも、素敵なGWをお過ごしください。

I　笑顔の表現者
Chapter3 [Reprise] No rain, no rainbow ～負けないココロ

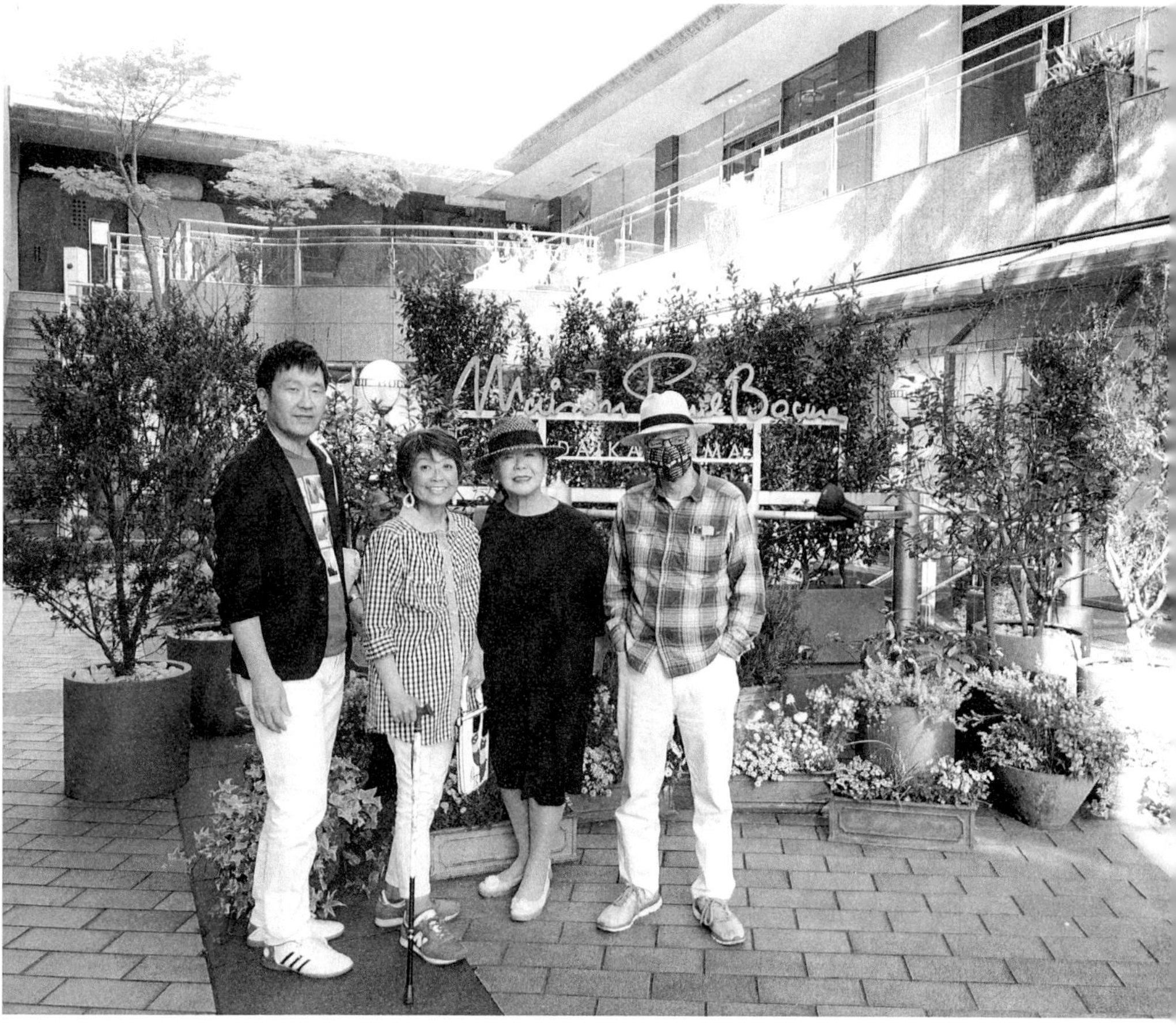

Happy Mother's day

（２０２４年５月12日）

横浜のマンションを手放して、香川県に移住することを決断した、私の両親。
４月24日から慣れない４人暮らしがスタート。
明日、高松に出発するので今夜はラストナイト。

ＧＷ後半から、私が体調を崩し平熱↓高熱を繰り返す状態……。
しばらく安静に過ごしようやく落ち着いてきました。

今日は、母の日でもあるので
４人暮らしの最終日は、
大好きなお寿司を食べてゆっくり過ごしました。
主人の母にはワンピースエプロンをプレゼント。
青空に咲き誇るカモミールは、明るい淳子さんのイメージ通り。

お寿司を食べた後主人の実家に連絡して淳子さんにも、近況報告。
「可愛いエプロン、ありがとう♡
3週間、ご両親と暮らせたのは貴重な時間だったね～」と
喜んでもらえて、嬉しかった!!
偶然ですが、同じ年齢の母同士も、久しぶりに話すことができて
Special Mother's day になりました!

節子さんの娘としての私
淳子さんの嫁としての私
2人の大切なお母さん
いつもありがとう♡

先月訪れた、母校の東京音大、中目黒・代官山キャンパス。両親・主人とトークショー＆コンサートへ

昨年ＧＷに訪れた栃木

スマイルコンテスト

（２０２４年５月16日）

４月30日の表彰式＆イベントから２週間以上が経過。
その後、全集中していたからか体調を崩したり、
両親との慣れない４人暮らしがあったり。
両親は５月13日に香川に出発したので、
バタバタとした非日常から、いつもの２人暮らしで
少しずつ日常を取り戻している感じ。

スマイルコンテストは、なんだか、ずーっと前の記憶のようです！
事務局から、プロが撮影してくださった写真が届いたので
改めて、お礼と共にご報告しますね。

スローガン

「誰かの笑顔のために」

観光業・飲食業・ブライダル・スポーツ・エンタメなど
各界を代表する皆さまによるホスピタリティのトークショー。
ずーっと聴いていたくなる濃厚な内容で、深い学びがありました。
プロシンガーの方の歌声や
日本の伝統芸能の舞なども堪能した後、30秒のＰＲタイム。

会場での投票もあり、いよいよ結果発表！
１０３４名のエントリー者の中からシルバー賞を受賞しました!!

２００９年３月、35歳の時、
初めての人間ドックで乳がんと診断され、
どうにか乗り越える！の想いで笑顔の力を信じて、
「今を笑顔で生きる」を人生の軸に決めた私。

乳がんとの付き合いも15年目。
たとえ、がん患者でもそうでなくても、
笑顔は一番のホスピタリティ。
スマイルコンテストに挑戦したことで、
本当に多くの皆さまの応援を受け取りました。

いくつになっても、
たとえ、がん患者でも挑戦し続けたい！
私自身が一歩踏み出すことで誰かの勇気や笑顔に繋がると信じて、
チャレンジして本当に良かったです！

スマイルコンテストにご協力いただいた皆さま、
アンバサダーの皆さま、運営・スタッフの皆さま、
ありがとうございました♡
おかげさまで、今日も、
笑顔で生きています！

No rain, no rainbow

（2024年5月21日）

緊急入院の投稿に
たくさんのコメントをありがとうございます♡
個別返信はできていませんが、
コメントいただいた方のお顔を浮かべながら
「超いいね」「大切だね」を押しました！

昨夜、前回（2023年5月）よりも背中側にドレーン（管）を入れて
胸水を抜く処置をしました。
全身麻酔の手術だと眠っている間に終わる感じ。
ですが、今回は局部麻酔。
なので、管を身体に挿入する瞬間の感覚がわかるのでなんだか変な感じ。

先生方の会話も聴こえるけれど
突発性難聴で、細かいことは聴こえないのは、良かったかも⁉
大切なことは、ゆっくり大きな声で話してくれるので、問題なし！
1時間の処置の間、
何度か「痛～い（涙）」っていうタイミングもあったけれど
「この痛みを乗り越えたら呼吸が楽になる‼」って
呪文のように唱え続けました！

まさに、私の大切にしている言葉
「No rain, no rainbow」
「雨が降るからこそ美しい虹が見られる」
「辛い経験を乗り越えた先には素晴らしい未来が待ってるよ」

写真は、数年前に友達から送られてきたもの。
「綺麗な虹を見ていたらまゆポンのことを思い出したよ」
のメッセージと共に。

いま現在、

「辛いなぁ」
「土砂降りの中にいるなぁ」

という方に、届きますように！

皆さんの温かいコメントや
先生方の迅速な処置、
呪文を唱えたおかげで
呼吸が少しずつ楽になっています！

NO RAIN, NO RAINBOW
雨が降るからこそ
美しい虹が見られる

退院して良かったこと

（2024年5月27日）

「退院しました」投稿にたくさんの「いいね」、コメントをいただきありがとうございます♡
全員への個別返信はできていませんが、おひとりおひとりの顔を浮かべながらすべてのコメントを読み「超いいね」を押しました！

入院から退院までの経緯も自身の備忘録としてまとめておきます。

＊

♡**5月20日（月）**

元々、外科の外来で通院予定でした。

普段は、近所なので公園を抜けて、自転車で通っている私。
ところが、この日はとにかく呼吸が苦しくて自転車は断念。
小雨が降っていたのでタクシーも捕まらず……。
Ｋｅｙくん（＝主人）が車椅子を借りてくれて久しぶりに車椅子での通院。
主治医の先生からは
「胸水が溜まっているので緊急入院して、処置をしましょう」。

まさか、入院するとは思っていなかったので慌てて、入院準備。
何と、入院した初日の夜、胸水を抜く処置をすることに！
脇腹と背中の間に、管を挿入。
局部麻酔なので痛みや怖さもあったけれど
「この痛みを乗り越えたら呼吸が楽になる！」と呪文のように唱えました！
迅速な対応に、改めて感謝！

何とっ!!
５日間で、１５００mlも胸水が溜まっていました!!

そりゃあ、呼吸が苦しくなっていたワケですよねぇ。
当初の予定では1週間～10日間の入院でしたが、
予定より3日早く退院できました！
5月25日（土）、退院。

早めの退院で出された条件は2つ。
・退院後も、入院中と同じように自宅で安静に過ごす。
・もし、体調に少しでも異変があったら、スグに連絡する。

入院中も、チーム医療が万全の体制。
ドクター・看護師・薬剤師・理学療法士など、
それぞれの方が、常に様子を見に病室まで足を運んでくれました。
Keyくん（＝主人）も毎日、お見舞いに来てくれて
洗濯物や私の大好きなプリンを持って来てくれました！
Facebookの皆さまからのコメントにも、
たくさん勇気をいただきました！

本当に、皆さんありがとうございました♡

～退院して良かったこと～

・とにかくリラックスできる
・呼吸が楽になった
・お風呂で、湯船に浸かって足が伸ばせる
・１㎜もカッコつけずに素のままでいられる
・突発性難聴で、聴こえづらかったけれど、少しずつ聴力回復
・何でも素直に話せる、Ｋｅｙくんの存在
・毎日、献身的なサポートをしてくれる、Ｋｅｙくんの存在

４月　スマイルコンテスト
５月　入院して、胸水の処置
６月の新たなチャレンジについては明日投稿します!!

昨年夏、宮崎のパワースポット高千穂にて

日常に溢れる幸せに感謝

（2024年6月16日）

あっという間に、6月後半。
お元気ですか？
ご存じの方も多いですが、
実は私、5月20日（月）から25日（土）、
呼吸が苦しくなり、緊急入院となりました。
胸水が溜まっていたことが原因と判明し、
抜く処置をしていただきました。

その後、6月8日（土）から11日（火）は札幌の予定だったので、
自宅療養中だったのですが、6月6日（木）に容態が急変。
6月7日（金）に再入院となりました。
現在も入院中です。

「この状態で、飛行機での移動は許可できない」とドクターストップ。
札幌での講演会は、苦渋の決断で、キャンセルとしました（涙）。
やはり、呼吸が苦しくなり、胸水を抜く処置をしてもらいました。
2リットル溜まっていました!!
今もまだ管を入れています。

現時点で、酸素マスクが手放せず、退院日が確定していない状況です。
今は、命・生きることを優先したいので、
しばらくの間（一旦8月末までは）
治療・リハビリに集中させていただきたく、仕事からは離れます。

写真は、毎日お見舞いに来てくれる主人のKeyくんと共に!
帽子は、義母の手づくり。
イベントMC・講演会・オンライン秘書業務などで、
お世話になっている方にはご連絡しましたが、

最近ＳＮＳの更新も滞っていて、

「まゆポン、元気？」

「何かあった？」

などとメッセージをいただくことも増えたので、
オープンの場で、投稿・報告しますね！

ご連絡が遅くなり、ご心配・ご迷惑を
おかけして、申し訳ございません。
目が見えること。
耳が聴こえること。
歩けること。
呼吸が楽にできること。
当たり前ではなく、
幸せなことですね。
皆さんとの笑顔の再会、楽しみにして
います!!

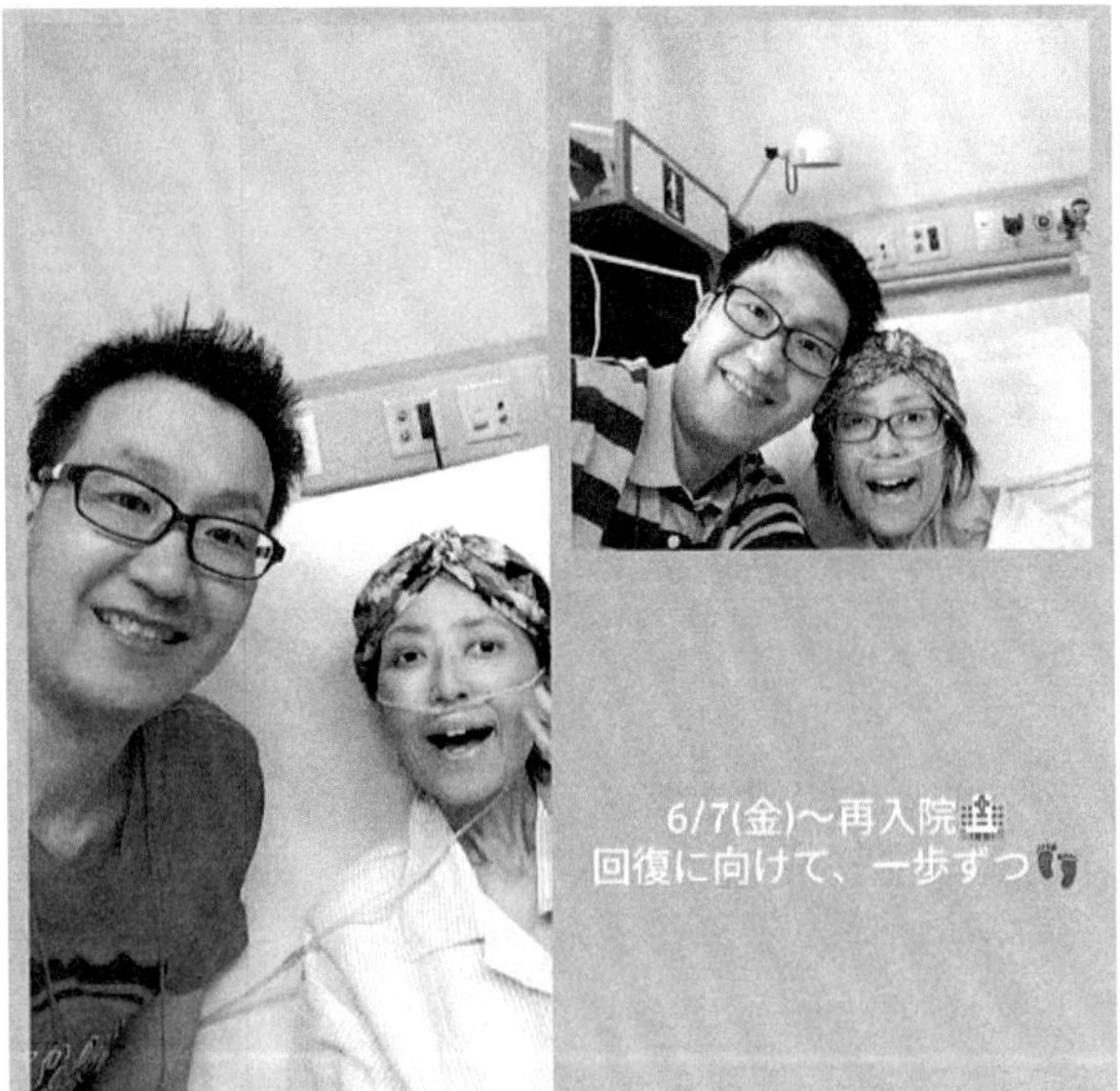

ワンファミリー

（2024年6月20日）

あっという間に、入院16日目。
貧血の値を安定させるために、
6月20日には、人生初の〝輸血〟を体験しました！
「献血をしよう！」と決めて行動してくださった方のおかげで
私の命が助けられていると思うと本当に感謝の気持ちでいっぱい♡

尊敬する大好きな世界一幸せな歌う講演家、古市佳央さんの
『ワンファミリー～みんなひとつの家族～』を聴きながら、
最新作の書籍
『世界一不幸な男が、世界一幸せな男になるまでの物語』を読みながら、

・命の大切さ

・世界中は大きなひとつの家族
・生かされた命
・大切な家族や仲間の存在
・限られた命の時間

を感じ、涙が溢れます。

おかげさまで、貧血の値も落ち着きました。
献血をしてくださった皆さま、ありがとうございます♡
ぜひ、ひとりでも多くの方に聴いて欲しい、読んで欲しい。
古市佳央さん＆さとみちゃん、Ｋｅｙくん、いつもありがとう♡

6月23日に623日連続達成!!

世界最大の言語学習アプリ
Duolingo

まったく意識していなかったけれど
本日（6月23日）、623日連続記録を更新～!!
入院中も、毎朝の習慣になっています！
もし、ひとりで黙々とやっていたら
「今日はいっかぁ」ってサボっちゃってたかも？
継続できたのは仲間・コミュニティのチカラ。

共に切磋琢磨しながら学び合える《英語部》を作ってくださった
坂田公太郎さん&佐々妙美さん、

（2024年6月23日）

常に前を走ってくれているヒロさん、まこっちゃん、
さらに共に進んでいる英語部の仲間に、改めて感謝！
いつもありがとうございます!!

Duolingoは、初心者~上級者までレベルも選べるし、
継続できる仕組みが、アプリ内にも色々。
さらに、英語だけでなく、様々な言語も複数選択できるので、
２０２４年・下半期こそは英語（もしくは他の言語も）を
新たにスタートしたい方はぜひ！
私自身も、６２３のミラクルから新たにスイッチＯＮ！
Let's get started?

２０２４年６月24日

（Facebook 最後の投稿）

♡**新プロジェクト発足：ＭＶＰ**

６月６日に容態が急変し、６月７日に再入院。
実は今も、酸素ボンベや酸素マスクが手放せないので
退院日の目処も立たない状態。

そんな中、新プロジェクト発足。
その名も、

〈まゆポンＶ字回復プロジェクト〉

ＰＭ（Project Manager）は主人のＫｅｙくん。

目的・ゴールはPJT名の通り、〝まゆポンのV字回復〟！
Mayupon's V-shaped recovery Project
略して《MVP》！
おっ、何か良い感じ？
私自身が、忘れないためにも冷静に現実を受け止め、
前に進むためにもまとめてシェアしますね。

♡ステイクホルダー（＝PJTに関係するメンバー）※予想より多い

・家族、親戚
主人、私の両親、兄弟家族、従兄弟
私の両親（香川県高松市に移住したので遠隔サポート）
私の弟家族（横浜市内在住）
私のいとこ（同級生・近所在住）
主人の両親（埼玉県熊谷市在住）

妹家族（都内在住）
弟家族（埼玉県川越市在住）
・主治医＋チームドクター
・病棟看護師
・がん相談支援センター看護師
・ケアマネージャー
・退院サポート看護師
・訪問医療（医者、訪問看護師、理学療法士）
・薬剤師
・レントゲン技師
・リハビリ担当
理学療法士（PT：Physical Therapist）
作業療法士（OT：Occupational Therapist）
・管理栄養士
・心療心理士
・区役所の介護保険担当者

・川崎市地域包括支援センター
・介護用品担当者（車椅子、リクライニング機能付きベッドなど）
・酸素ボンベの手配担当者

こんなにたくさんの皆さんが
真剣にサポートしてくださっていることに、改めて感謝！

♡PDCAをまわす

PDCAサイクルとは、
言わずと知れた業務を効率的に行うためのフレームワーク。

・Plan（計画）
・Do（実行）
・Check（評価）
・Action（改善）

チーム医療の現場でも実際に使われています。
私自身、外資系企業で様々なプロジェクトチームに携わり
チームビルディングを経験しました。

今回のＰＪＴは、ビジネスシーンとはまったく別格。
だって「命」に関わるから！
改善するための解決策も、答えはひとつじゃない。
複数ある中からそれぞれの立場のメンバーが
メリット・デメリットを洗い出し、ベストソリューションを導いていく。
しかも、誰かひとりの権利者によってトップダウンで決まるのではなく、
新人・ベテランも関係なくフラットにオープンに意見を出し合えるのがベスト。

例えば、治療方針ひとつとっても最終決定する時の手がかりは、
私自身のクオリティ・オブ・ライフ（Quality of life）
＝「生活の質」「生命の質」。

何を大切に生きていきたいのか？
大切にする価値観って何？
というところに直結する。
だからこそ、健康で元気なうちから考えておくって大切。

あなたは、もし
「大切にしている価値観は何ですか？」
「何を大切に生きていますか？」
と聞かれたら、答えられますか？

もしかしたら、がんに限らず大病を経験された方や、
事故にあわれた方、命について向き合われたことがある方は、
答えられるかもしれません。

このＰＪＴ〝ＭＶＰ〟を通して、命の大切さはもちろん、

生き方・価値観・家族・仲間・時間と改めて向き合うことができています。

自分自身の備忘録としてはもちろん、
誰かのお役に立てればと思いシェアしました。

長文にお付き合いいただきありがとうございます♡

ＰＪＴ〝ＭＶＰ〟の名の通り必ずＶ字回復するので乞うご期待☆

※編集部注：投稿の翌日6月25日　鍵麻由さんは永眠されました。

雨が降るからこそ、美しい虹が見られる

辛い経験を乗り越えた先には
素晴らしい未来が待っているよ

「ピンチ」を「チャンス」に
「不安」を「希望」に
「恐れ」を「勇気」に

今日も、心のカギを開いて、
笑顔と情熱を持って全力で生きよう

あなたは何を大切にして
生きていますか？

II

著者として、講演家として

このパートでは、彼女が著者・鍵麻由を意識して書きためた原稿、そして講演家・鍵麻由として大勢の前で披露した自身の生き様・モットーを活字化したものを掲載しました。
SNS 投稿よりもメッセージ性が際立つ内容となっており、読み応えのあるパートです。

Chapter 4

Power of Smile

～笑顔のチカラ

【著者としての鍵麻由】

あなたの【言葉】を一番聴いているのは、誰？（2023年6月30日）

♡5歳の時、母との会話

あなたは、これまでの人生の中で、大切にしている言葉はありますか？
2017年に過去の人生を振り返り【自分年表】を作った際、何気ない日常会話で、母が私に贈ってくれた言葉に辿り着きました。

それは私が5歳の時。

母に「麻由ちゃんの言葉を一番聴いているのは、誰だと思う？」と言われました。
少し考えて「うーん、お母さんかな？」と答えた私。
母の答えは、45年以上経った今でも、はっきり覚えています。

「もちろん、お母さんもたくさん聴いているよ。

でもね、口と耳って近いでしょ？

だから、麻由ちゃんの言葉を一番聴いているのは、麻由ちゃんなんだよ。

これからは、耳と心が喜ぶ言葉を使おうね」

2023年の現代では、

「言霊」「思考は現実化する」「ポジティブな言葉を使おう」などと、書籍・講演・SNSなどでも、よく目や耳にします。

1978年（当時5歳）の私にもわかる表現・言葉で伝えてくれた母に、本当に感謝しています。


ある日、私が「疲れちゃった〜」と言うと、

「そっか。でも、疲れたって聞くと、もっと疲れちゃうよね。

『よく頑張ったね』って言ったほうが、元気にならない？」


疲れたことの否定はしない。悲しいことがあっても、気持ちをなかったことにはしない。

その上で母は「どうやったら気持ちよくなるだろう?」と一緒に考えてくれたのです。
私には思いつかない表現も「こんな風に言うとどうかな?」と提案してくれました。

以来、私は「耳と心が喜ぶ言葉」を意識するようになったのです。

言葉のチカラって、凄い!
「何か乗り越えたいことや叶えたいことがあったら、頭で考えるのも大事だけど、紙に書き出したり、人に話したりすると、乗り越えやすく、叶いやすくなるよ」
これも節子さんの言葉。

尊敬する母のことは、いつからか名前で呼ぶようになっていました。

セピアカラーが昭和感（笑）
母・節子さんに抱っこされている私。

♡セルフトークとは？

もし、あなたの口癖が、あなたの人生を決めているとしたら？

「たかが、口癖で人生が決まるはずない！」と思われるかもしれません。

ですが、実は「言葉＝人生」と言っても過言ではないほど、あなたの口癖は、あなたの思考の癖を反映していて、そのまま人生を決めているとも言えるのです。

私たちが頭の中で自分自身にかける言葉のことを「セルフトーク」と呼びます。

実際に声に出している言葉の回数より、「セルフトーク」の方が何倍も多く、1日に4万回から6万回くらい心の中で呟いていると言われています。

物凄い数ですよね！


実は、この「セルフトーク」が、自分自身の「セルフイメージ」を創っていくのです。


「セルフイメージ」とは、自己認識のこと。

つまり、自分で自分のことをどう思っているかです。

セルフイメージは、私たちの思考や感情、行動に影響を与えます。


もし、毎日の「セルフトーク」が、否定的な言葉や自分を責める言葉になっていたら、どうでしょうか？


残念ながら、セルフイメージも、どんどん下がってしまいます。

なぜ「セルフトーク」が大切なポイントかというと、私たち人間は、言葉によって感情や行動が影響を受けるからです。

例えば、「私は、何をしても上手くいかない」というセルフイメージを持っている人は、その通りの考え方、行動をしてしまう可能性が高くなります。

なので、勉強やスポーツ、仕事で成果を出すために、良いセルフイメージを持つことが大切になります。

人間は、ある刺激（＝何かしらの出来事）に対して、言葉を使って解釈し、思考します。

その結果、どのような解釈をするかによって、感情と行動が違ってくるということです。

例えば、ミスをした時。ミスしたことをどう解釈するかで、その後の感情と行動が変わります。

つまり、「セルフトーク」をコントロールすることによって、解釈や思考を変えることができれば、感情や行動も変わるということです。

「セルフトーク」を意識して、コントロールできるようになると、不安や恐怖が軽減され、メンタルが安定するといった効果があります。

なぜなら、「セルフトーク」と「心」は連動しているからです。

♡ポジティブ変換マスターを目指そう！

例えば、ネガティブな状態になっている時は、

「失敗したらどうしよう」

「どうせ私なんて」

「やっぱり自分には無理」とネガティブな「セルフトーク」を使っています。


ところが、ポジティブな状態になっている時は、

「明日、〇〇さんに会えるのが楽しみ」

「今週末は、あの映画を観ようっと」

「こうしたら、もっと上手くいくかも」

というように、ポジティブなセルフトークを使っています。

このように、「セルフトーク」と「心」が連動しているため、「セルフトーク」をマネジメントすることでメンタルの安定に繋がるのです。

もし、いま「私のセルフトークは、否定や責める言葉が多いかも？」と気がついたら、意識的に言葉選びを変えていきませんか？

あなたも、ポジティブ変換マスターになりませんか？

2020年　レッツゴースピーチコンテストにて。初代MVP受賞！　テーマ「言葉を変えると人生が変わるって本当？」

「口癖（特に自分自身への言葉「セルフトーク」）を意識して変える」を繰り返していくと、ピンチをチャンスに変えるレジリエンス（心の回復力）を高めることができるのです。

♪まとめ
ぜひ、一緒に「ポジティブ変換マスター」になりませんか？
あなたの「セルフトーク」を意識して変えてみよう！
↓ポイントは「耳と心が喜ぶ言葉」ですね。

2023年6月「DAF」という、トークイベントにて母・節子さん＆主人のKeyくんと共に

♡2か月間に起きた事実

実は私、5月26日から31日まで検査・治療のために入院していました。

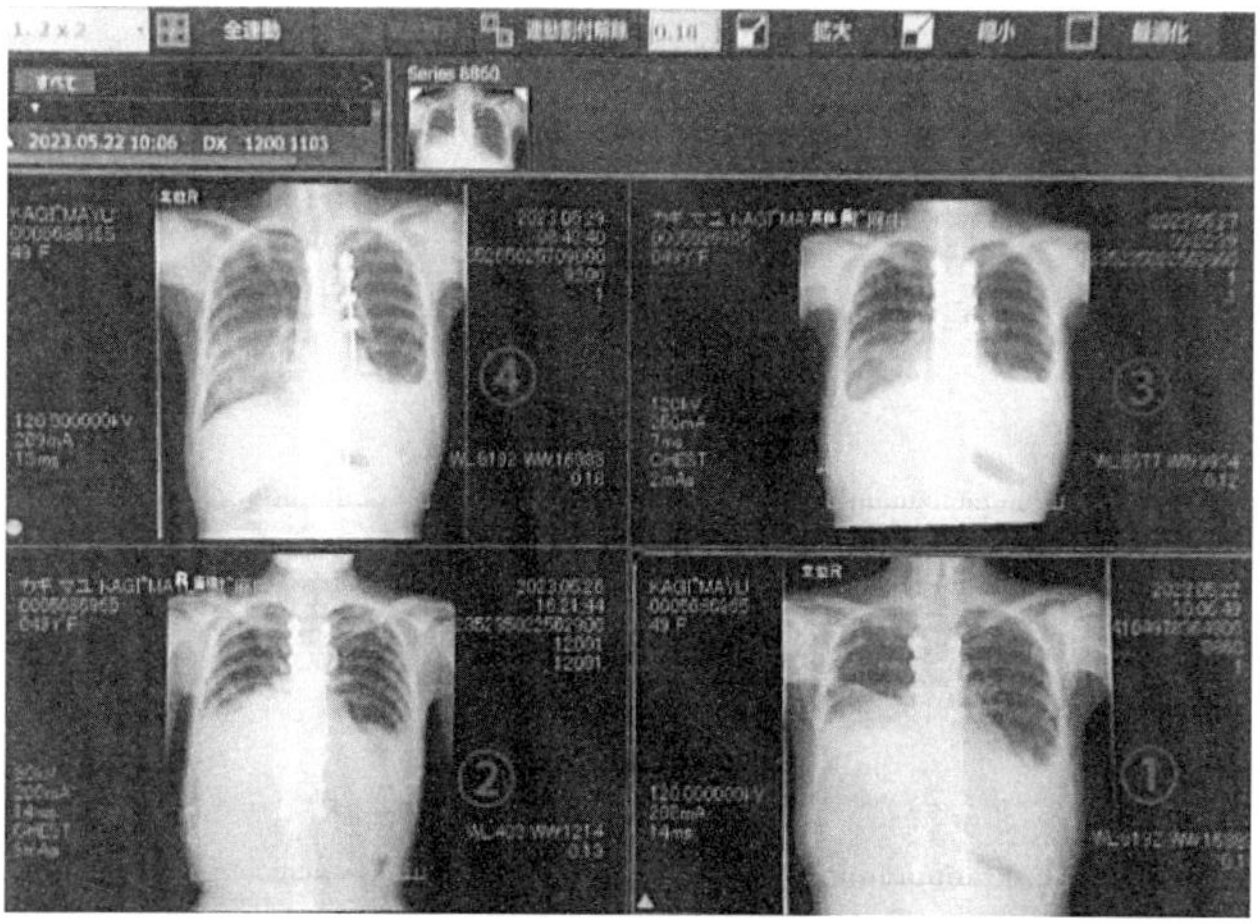

左上の④が抜いてもらった後の画像

入院前の私は、呼吸が辛く長く話すのも難しい状態。

「話す」ことが、メインの仕事なので心身ともに、辛い状況でした（涙）。

原因は、肺や胸の付近に溜まった胸水《きょうすい》。

レントゲンで、明らかに白い影が。

主治医と相談した上で入院して、胸水を抜く処置をしてもらうことに。

実際、抜いてもらったら何と1600mlも溜まっていたのです！

そりゃ、呼吸が苦しいハズですよね。

抜いてもらったおかげで、呼吸も楽になり、長く話すこともできるようになりました！

♡え〜っ⁉ 本当に私？

実は、入院前から頭のこぶ（ぶつけた覚えはない）が気になっていたので主治医に相談。

6月7日に脳神経外科で脳のMRIを撮って来ました。

結果は、残念ながら「小脳・大脳に、いくつかの転移性脳腫瘍と見られる」という診断。

「え〜っ⁉　本当に私のこと？」

♡事実はひとつ、解釈は無限大∞

元々、人よりもポジティブ思考な私。

初めて乳がんと診断されたのが２００９年３月、35歳の時。

もうすぐ、乳がんとのお付き合いも15年になります。

その間、再発や骨転移など様々な経験をしていく中でもちろん最初の頃は、一喜一憂。

徐々に「事実」と「感情」を分けて考えられるようになりました。

かなり鋼のメンタルになった気がします。

「事実はひとつ、解釈は無限大」って目にしたり、耳にしたことがある人もいらっしゃると思います。

私自身は、経験から確信しています。

「転移性脳腫瘍の疑いがある」は、事実。
「早くわかって、良かった」は、感情。

落ち込んでる場合じゃない！
次の瞬間には「今できることは？」と前に進む私。
ストレングスファインダーでも1位が「ポジティブ」。

TOP5の資質

1 ポジティブ
2 最上志向
3 社交性
4 包含
5 コミュニケーション

「起きた事実をどちら側から見るか？」って大切。
その後の行動が、大きくわかれます。

♡ 50歳の誕生日は、リボーン記念日

2023年6月29日、50歳の誕生日を機にはじめたnote。
実は、翌日の6月30日、改めて、造影剤を使った脳のMRIを撮って来ました。
そこで、転移性脳腫瘍の診断確定。

さらにその翌日の7月1日、母と2人で、プロのメイク&撮影。

「脳に転移が発覚した翌日のがん患者」には見えないですよね？

もちろん、予約した時点ではまさか、こんなタイミングになるとは予想していませんでした。

さらにそのまた翌日の7月2日、奇跡のピアニスト・西川悟平さんのコンサート♫

まさに、50歳の誕生日は「リボーン記念日」。

後になって振り返ったとき確実に「あの日をきっかけに」という記念日になると確信！

♡最先端治療との出会い

主治医に紹介されたのは、新横浜にある横浜労災病院。

脳神経外科の放射線治療では主流の「ガンマナイフ」と最先端の「ノバリス」2つを備えている施設は日本に3つしかないそうです。

スムーズに紹介していただき、経験豊富な専門医に繋がりました。

まるで、宇宙に行く訓練のような機器。

入院不要で、副作用もなく負担も軽いので、最先端の「ノバリス」を選択。

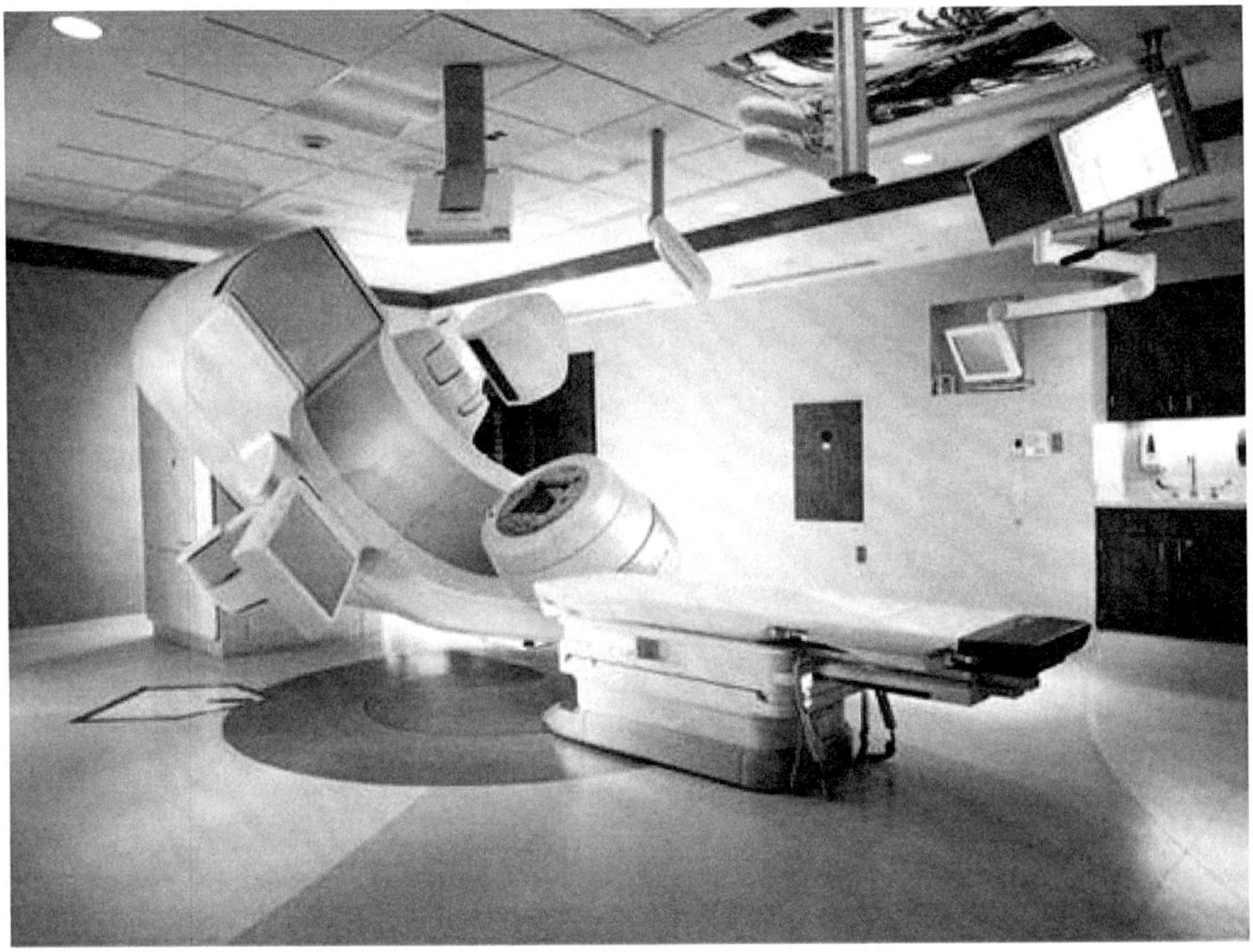

近未来的！「ノバリス」画像は、横浜労災病院のＨＰより

２０２３年７月６日、実際、約１時間の通院治療でした。

痛みや副作用もなく「ノバリス」を選択して良かった〜

治療中、奇跡のピアニスト、悟平さんの著書にも書かれていた「I'm lucky!」と何度も唱えました。

♪まとめ

「まゆポンは、がん患者なのに何で、いつも笑顔なの？」とよく聞かれます。

答えは、とてもシンプル。

私自身が「今を笑顔で生きる」と決めているから!!

決して、悲劇のヒロインになりたいとは思っていません。
むしろ、前を向いて、進む覚悟。
もし、心配してくださるのであれば、ぜひ「応援」「祈り」のエネルギーに変換して送って欲しいです!!

人生最大のピンチ！退院時、とっさに出た言葉（2023年7月11日）

♡突然、立てない!!

2021年12月18日、イベントMCの仕事を終えて、忘年会に参加していた私。

半年以上前から、腰の痛みはあったものの整形外科のレントゲンでは異常なし。

その日も、無事に仕事を終えて、お風呂に入っていました。

ところが、湯船から出ようとした瞬間、緊急事態発生!!


「足に力が入らない」

「え？　何が起きたの？」

痛みは、何もないのに、下半身に力が入らない！

自分の力で「立つ」「歩く」が突然できなくなりました…。

その時の私にできたのは、叫ぶことだけ！

「Ｋｅｙくん(＝主人のニックネーム)、身体が変！ 足に力が入らない！ 起こして！」

２人共、あまりにも突然すぎて、「え？ 何が起きてるの？」という感じ。

腰から下に、まったく力が入らない状態で、彼に支えてもらって、なんとか湯船から出ることができたのです。

その後、人生初の救急車。

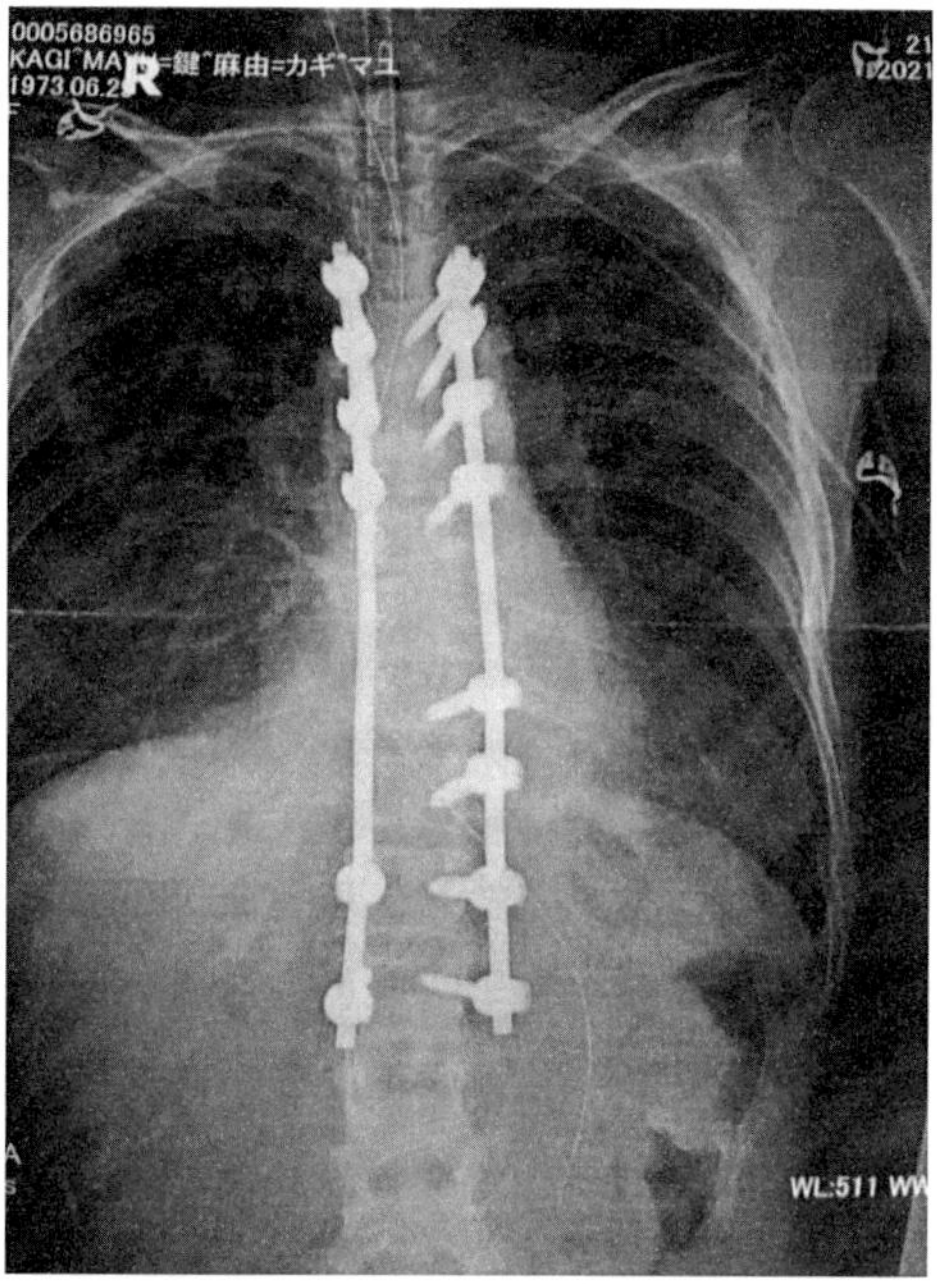

私の背骨を支えてくれている、14個のボルト。5週間の入院を経て、退院時は車椅子。もちろん、人生初の経験です。

残念ながら、乳がんの骨転移による、脊髄損傷が原因。

下肢に神経が届かず、歩けなくなってしまったのです。

ラッキーなことに、入院翌日に緊急手術。

背骨に14個のボルトを入れる大手術が無事に成功。

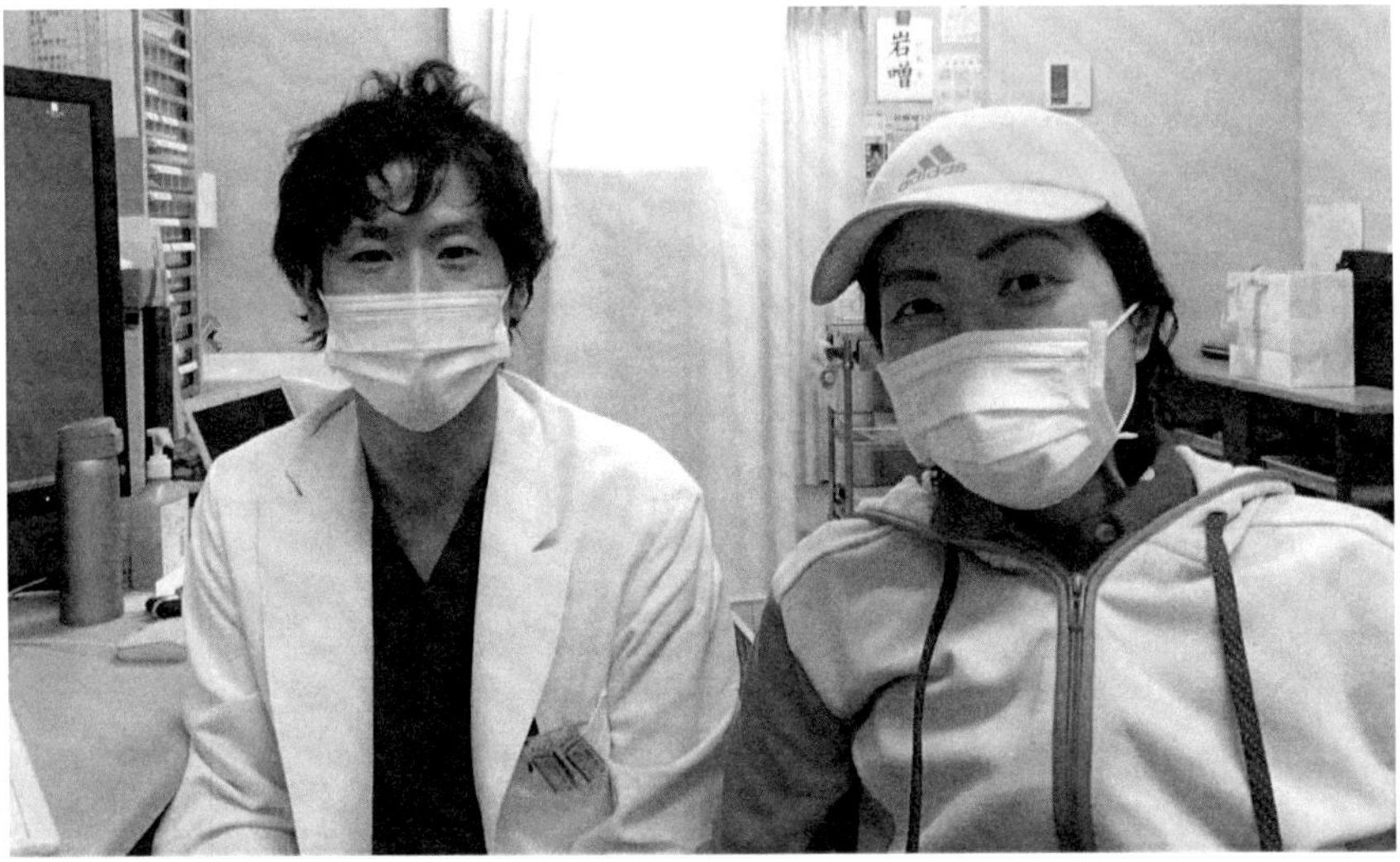
背骨に 14 本のボルトを入れる大手術。執刀医の先生と共に。

腰の激痛の原因となっていた圧迫してい
た神経も整えてもらいました。

♡とっさに出た言葉

手術を担当してくれた執刀医からは退院時、こんなことを言われました。
もちろん、リスクとして伝えるべき内容だと理解しています。

「今後、治療やリハビリの効果には、個人差があります。場合によっては、一生車椅子の可能性もゼロではは、ありません」

もし、あなたがこう言われたら、何と答えますか？

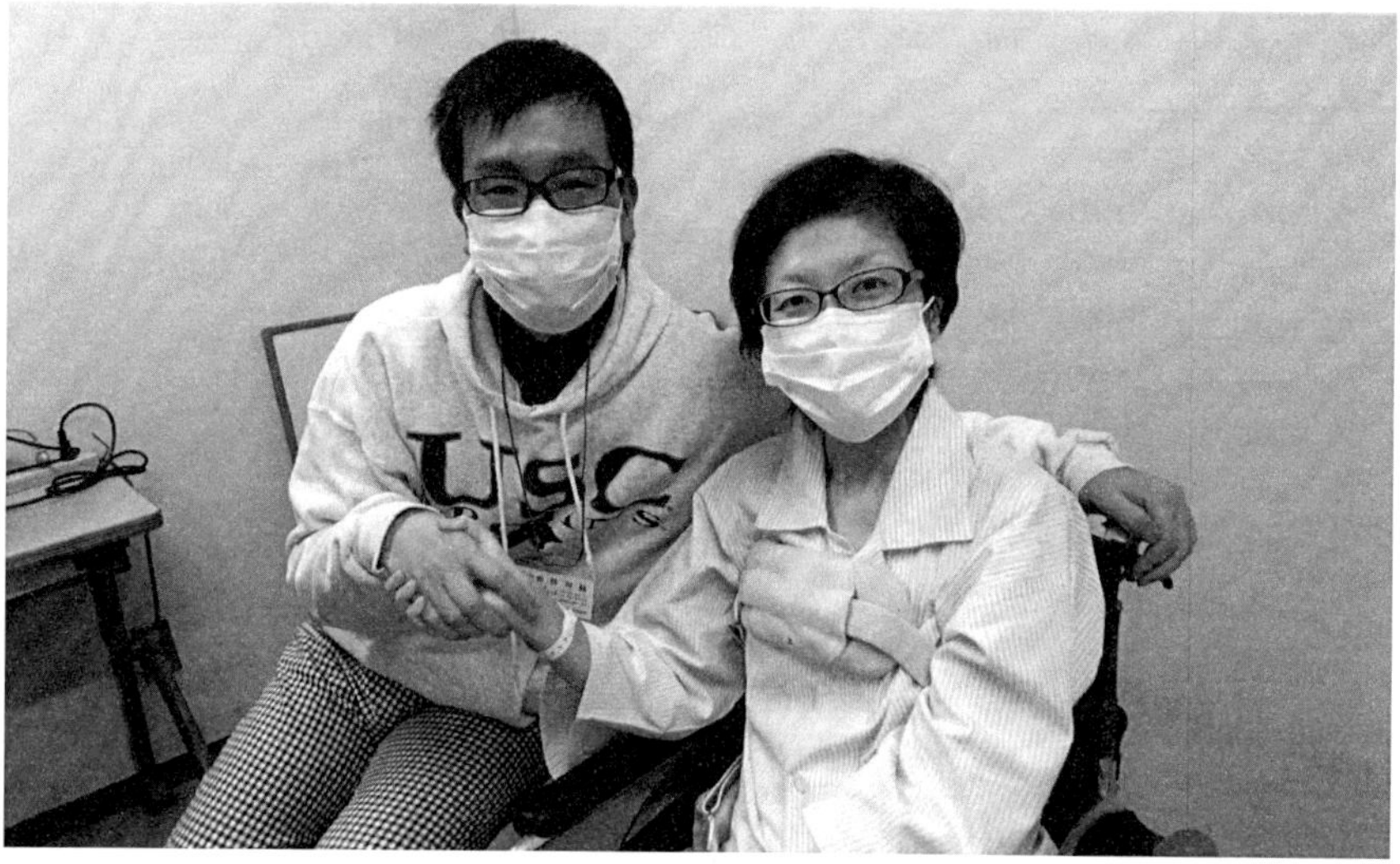

入院時、車椅子＆コルセット＆マスク。しばらく会えないけど、「お互いに頑張ろう」と主人の Key くんと、握手を交わした瞬間。

……私は、とっさに、こう答えたのです！

「先生、私、ゴルフが大好きなんです！」

「大好きなゴルフ復活します！」

「奇跡を起こすので、見ていてください！」

自分でも驚きました（笑）。

とっさに出た言葉として、スーパーポジティブ！

我ながら、あっぱれ～

♡家族や仲間の支え

入院時から、家族や仲間の言葉にたくさん支えてもらいました。

コロナ禍の入院ということもあり、一番辛かったのは、たとえ家族でさえも面会禁止という現実。

着替えなどを持って、ナースステーションまで来てくれていて、声は聴こえるのに会えない……。なんとも切ない時間でした。

ただ、そんな中でも「今できることは？」と考えてオンライン通話で、Ｋｅｙくんの顔を見ながら毎日近況報告。

２人の絆を深めていました。

退院した日。両親・Key くんと、５週間ぶりの我が家でのショット。大切な仲間から届いたお花と共に！

週1回のお楽しみ ～訪問リハビリ&リラクゼーション（2023年7月18日）

♡2022年2月～スタート

2021年12月18日、イベントMCの仕事が終わり、帰宅後にお風呂に入ってリラックス。

お風呂から、出ようとしたら、突然「立つ」「歩く」ができなくなってしまった私。

1月末に退院後、関東労災病院の「がん相談支援センター」看護師の倉戸さん、ケアマネージャーの中馬さんにサポートいただきました。

2022年2月から毎週1回、我が家に訪問リハビリという形で理学療法士（PT：Physical Therapist）の永野美咲さんに来ていただきました。（私と主人は「ながのってぃ」と呼んでいました）

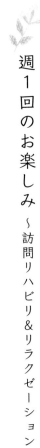

近所のスーパーに歩行器で行っていた頃。少しずつ、歩行器に変わり、杖での歩行へと進んでいったのです！

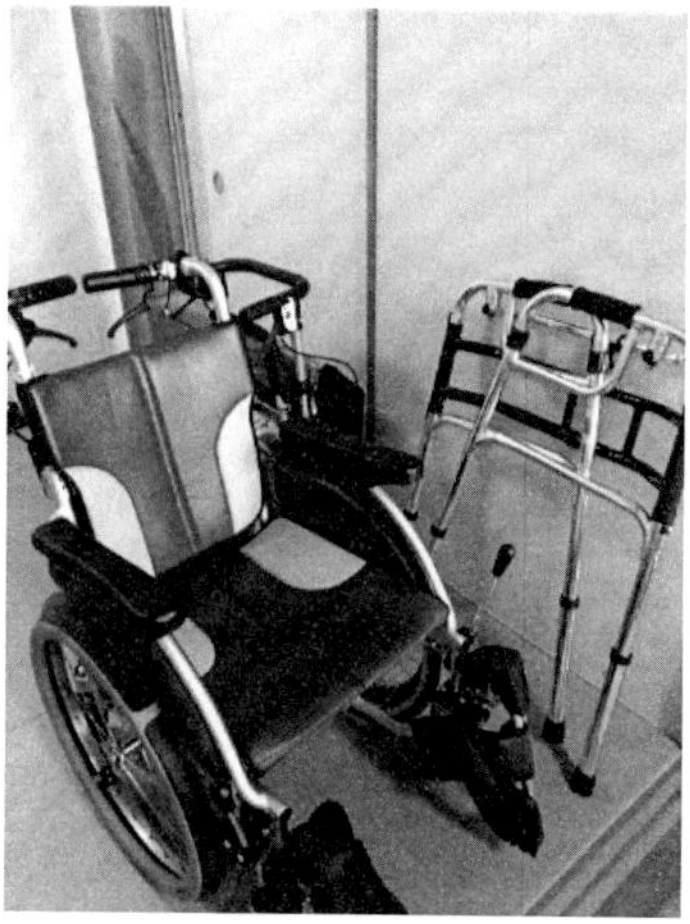

介護用品の車椅子や歩行器

退院時は、車椅子だった私。
家の中でも、車椅子で移動しながら下半身（特に足）のリハビリ。

過去のリハビリの様子は、YouTube「笑顔のカギちゃんねる」※にもアップしています！

※あなたの心のカギを開いて、笑顔のカギをお届けする。2度の乳がんを乗り越えた カギマユの「笑顔のカギちゃんねる」〜

https://www.youtube.com/@笑顔のカギちゃんねる

♡2023年4月～作業療法士さんへバトンタッチ

実は、毎週のお楽しみだった永野さん（＝ながのってぃ）とのリハビリタイム。
彼女が、産休に入るということで4月18日から新たに担当が変わりました。

ながのってぃ最終日、はんなちゃん初日

新たな担当は、作業療法士（OT：Occupational Therapist）の茂木繁菜さん。
「私たちは、「はんなちゃん」と呼んでいます）
毎週火曜日、はんなちゃんが我が家にやってきて、リハビリ……というより、最近はマッサージメインのリラクゼーションタイム。
今日は、宮崎での様子をシェア。
たくさん歩いて、階段を登ったりしたので、
全身（特に右足）が、筋肉痛……。

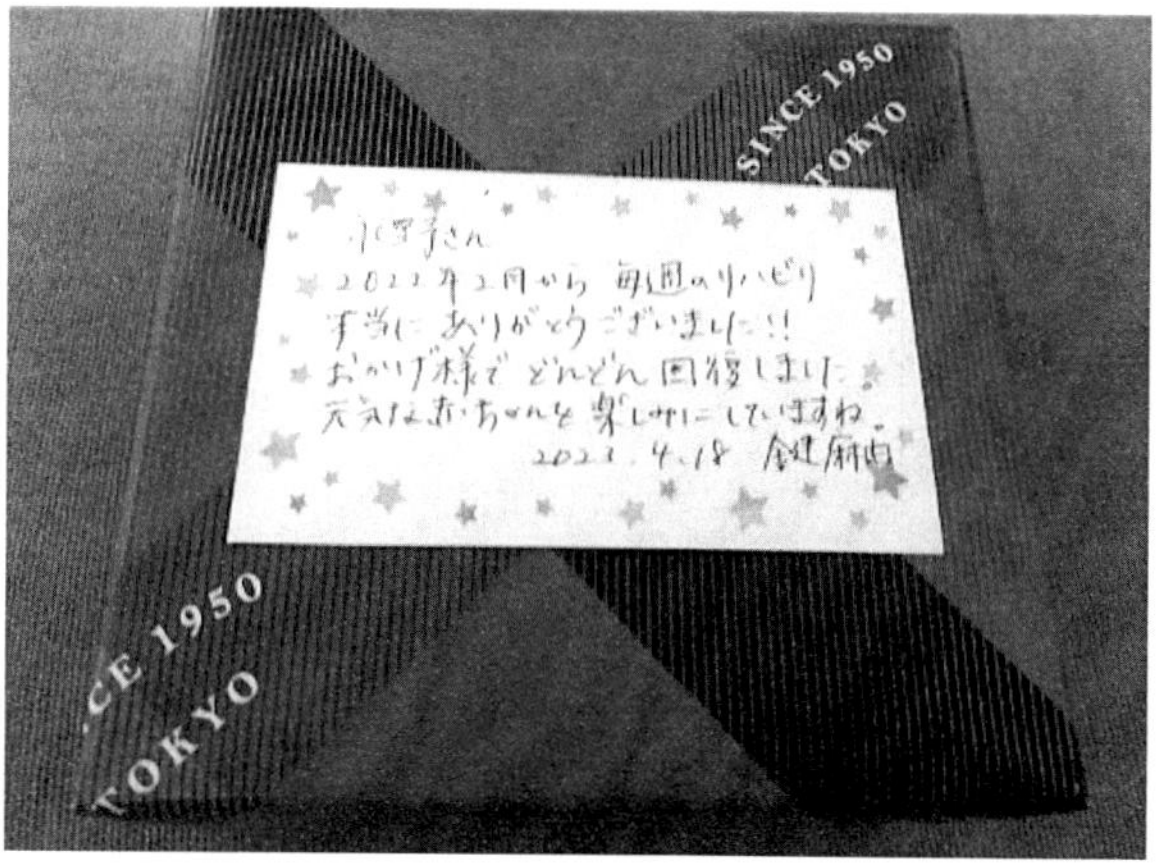

最終日のながのってぃへのプレゼント

ゆっくり全身をほぐしてもらいました！

さらに、七夕が予定日だったながのってぃ。無事に、元気な女の子を出産されたことを聞いて、安心&嬉しいニュース♡

はんなちゃんは、声も雰囲気もとにかく癒し系。毎週火曜日は、心がポカポカになります。

はんなちゃんは、「カギさんに会うと毎週、私の方が元気を貰えます」と言ってくれます！

5月の入院前は、体勢を変えるだけで、咳が出たり呼吸が苦しかった私。「7月の宮崎は、ムリかも……」という状況でしたが胸水を抜いてもらい、体力も回復。無事に、宮崎旅を大満喫することができました！

毎週、訪問リハビリでケアしてくれるはんなちゃんに、改めて感謝♡

ママになったばかりの「ながのってぃ」もおめでとう～&ありがとう♡

ひまわり柄のキャップは、主人の母の手作り！

♪まとめ

改めて、毎週の訪問リハビリの時間は私にとって大切な癒しの時間。

色々な方のサポートのおかげでどんどん回復していることに、改めて感謝♡

先月は、母も我が家にいたので一緒に写真を撮りました。

「カギさんから、よく聞いていた節子さんに会えて嬉しい」と言ってくれた、はんなちゃん。

何と、下は２歳から、最高齢は98歳の方まで幅広い年齢層のお客様をサポートされているそうです！

はんなちゃん・母の節子さんとの３ショット。自宅にいる時は、スッピン＆メガネなことが多い私。はんなちゃんには、カッコつけずに、全てをさらけ出せる感じ。
外出時は、ウィッグを活用している私。今は、髪が抜けてしまう副作用がある薬はストップしたので、少しずつ生えてきて昭和時代の中学生野球部くらい。

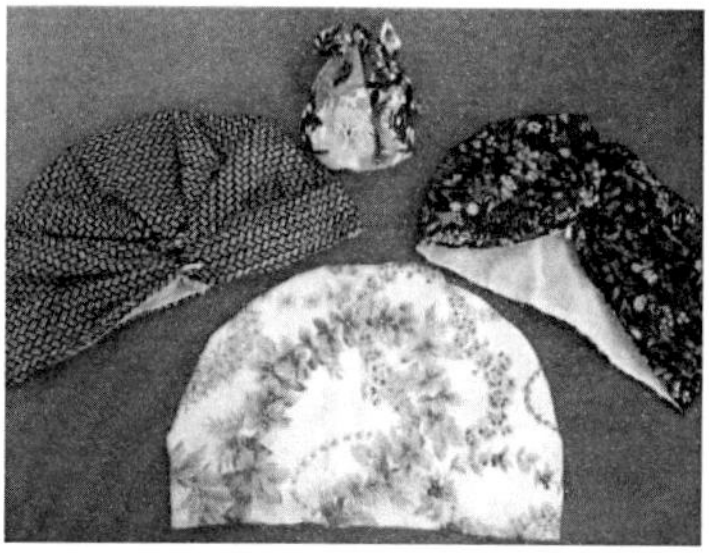

梅雨や夏場は、家の中では暑いので家の中でのキャップは、義母が手作りして、贈ってくれました！
手作りできるって、凄～い？ 優しさにも感謝！

だいすきの法則①～笑顔の効果（2023年7月28日）

♡わかりやすいBefore / After

今でこそ「まゆポンの笑顔は、ひまわりみたい」と褒めていただくことが多いのですが……。

20代の頃は、写真を撮られる時に思いっきり笑うことには抵抗があった私。

27歳で結婚と同時に始めた初心者向けのパソコンスクール時代。

生徒さんと撮った写真は、別人のようで愕然としました!

それにしても27歳の私。

笑顔の大切さをインストールする前。

私「オーラが視える」とかそんな才能は、全くないけれど明らかに出ているエネルギーが違うって分かる！

ひまわりのプロフィールは5年前の夏。
まだ再発乳がんの通院治療中でウィッグだけど、表情がイキイキしてるよね！

以前、掃除していたら出てきた昔の写真。約20年前、渋谷の道玄坂で初心者向けのパソコン教室を経営していた時代。「パソコンを習うより鍵先生と話したいから毎日通う」と言ってくださったHさんとの1枚。

どんなふうに生きたいのか決めると表情も変わるし、「今を笑顔で生きる」を伝える！
と改めてインストール。

♡今を笑顔で生きる

私が、笑顔の大切さをインストールするきっかけとなったのは、２００９年３月。

初めての人間ドックで乳がんと診断された、35歳の時。

「どうしても治したい」

「元気に回復したい」

という思いで、色々検索したところ、筑波大学・村上和雄名誉教授の『「感動」と「笑い」と「夢」が遺伝子のスイッチを「ON」にする！』という対談を発見。

村上和雄　心と遺伝子アカデミー（mind-gene.com）

村上先生から「遺伝子のスイッチがONになる」お話を20年近く聞き続けてきました。

先生は多くの著名な方々と対談されていて、その中でも繰り返し話題にされています。

約20年前の『致知』に掲載された、横澤彪さんとの対談の「アホ談議」が、とても面白かったので、一部をご紹介させていただきます。今では入手しにくい貴重なものです。

横澤彪さんは当時のテレビ界随一の名プロデューサーで、村上先生の「笑い」の研究も、横澤さんとの出会いによって大きく実を結んだといえます。

お二人の対談は情意投合といいますか、肝胆相照らすといいますか、読んでいてそんなふうに感じました。

今、お二人はあちらの世界からこちらの世を眺めて、「もっとアホになったらいいんや」と呟いていらっしゃるように思います。


「心と遺伝子アカデミー ～本とひととき～」より

衝撃的な内容に、私の遺伝子がスイッチ「ON」になりました！

たとえ、がん患者であっても、笑うことならスグにできる。

その後、訪れたセカンドオピニオンの医師から言われた言葉。

「僕は、何万人もがん患者を診てきたけれど

笑顔で病室に入って来て
笑顔で出ていく患者さんは
カギさんが初めて。
僕の方が、元気をもらったよ」
とその先生は握手をしてくれたのです！

その時、私は
「がん患者の私の笑顔が、ドクターに元気を与えられた」
「笑顔の力って凄い！」と確信。

以来、自分自身の生きる道として
「今を笑顔で生きる」と決めたのです。

♡だいすきの法則①：「だ」

たくさんある「笑顔の効果」の中から4つにまとめて、頭文字を取ったのが「だいすきの法則」！

1つ目の「だ」は「第一印象がアップする」。

コレは、とっても分かりやすいですよね？
・無表情でぶっきらぼうなAさん
・笑顔が素敵なBさん
どちらが、第一印象が良いのかは、一目瞭然。

わずか数秒で決まると言われている第1印象。
しかも最近は、SNS・オンラインの時代。
リアルで会う前に、あなたのプロフィール、見られていますよね？

長くなったので、「だいすきの法則」は「だ」「い」「す」「き」の4つに分けて投稿しますね。

♪まとめ

「笑顔の効果」についてアップしました。

「だいすきの法則」第1弾の「だ」は「第一印象がアップする」でした。

あなたは、笑顔に自信がありますか？

プロフィール写真も、見られていますよ。

だいすきの法則②～笑顔の効果

（2023年7月29日）

♡今を笑顔で生きる

35歳の初めての人間ドックで乳がんと診断された私。

「絶対に回復する！」「元気になる！」と色々探していた中、「笑顔」の効果に辿り着きました。

「今を笑顔で生きる」と決めて笑顔の大切さをインストールした後の分かりやすいBefore / Afterは「だいすきの法則①」でアップした通り。

♡だいすきの法則②：「い」

2つ目の「い」は「医学的な根拠」
実は、笑うことで、ナチュラルキラー細胞（NK細胞：Natural Killer細胞）と呼ばれる免疫細胞が、活性化すると言われています。
免疫力がアップすることで、病気を治す力にも繋がるというのです。

先ほど、筑波大学の村上和雄名誉教授の『「感動」と「笑い」と「夢」が遺伝子のスイッチをONにする!』という対談に衝撃を受けた話を紹介しました。

今でこそ、笑顔を褒めていただくことが多いですが、以前は写真を撮る時に、笑顔全開になることに抵抗があったようです。(本人は自覚なし)

ですが、笑うことなら、いつでも、どこでも誰でもできる!
しかも、笑うことで免疫細胞が活性化して免疫力がUPするという、医学的根拠があるならこれからの人生「今を笑顔で生きる」を自分自身のど真ん中のメッセージとして生きていく!と決めたのです。

先日、50歳の誕生日の2日後。
親子で参加した、自己肯定感 爆上げメイク&プロフィール写真撮影会。

まさか、３度目のがん患者とは思えないですよね？
これからも、「今を笑顔で生きる」毎日を丁寧に更新していきます。

だいすきの法則③～笑顔の効果

（2023年8月3日）

♡だいすきの法則③：「す」

たくさんある「笑顔の効果」を4つにまとめて、頭文字をとった「だいすきの法則」。
今回は、折り返しの3つ目です。

♡スマイルは、広がる

第3弾の「す」は、「スマイルは、広がる」。
言われてみれば、確かに～！って感じですよね？
あなたの周りにいる、笑顔の素敵な人を思い浮かべてみてください。
その方の周りも、笑顔の素敵な人が多くないですか？

実は、スマイルって、どんどん広がっていくんです。
笑顔の素敵な方には、色々な特典があります。

まず「仕事ができる!」。
「えっ？　そうなの？」と思われたかもしれません。

なぜなのかというと……
「スマイルは、広がる」から。

笑顔が素敵な人は、お客様・クライアント・上司・部下・同僚・取引先など、周りをどんどん笑顔にしていきます。

ということは、お互いに良い関係が広がるので仕事もスムースに進んでいくのです。

さらに、笑顔が素敵な人は男女を問わず「モテる」と言われています。

これは、分かりやすいかもしれませんね。

やっぱり、無表情でぶっきらぼうなAさんよりも笑顔が素敵なBさんの方が、「一緒にいて楽しい」と感じたり「また会いたい」と思うのではないでしょうか？

♡まずは、口角を3㎜アップ！

とは言え、いきなり120％のビッグスマイル～！って、なかなかハードルが高いですよね？

そんな方は、口角を3㎜アップするだけでもOK！

コロナ禍で、ずーっとマスク生活だったので私たちの表情筋は、かーなーり緩み切っています。

ほんの少し、口角を上げることを意識するだけで、眠っていた表情筋が起きてくれますよ。

♪まとめ

「笑顔の効果」

「だいすきの法則」第3弾をアップしました。

「す：スマイルは、広がる」いかがでしたか？

まずは、口角を3㎜アップするところから始めてみませんか？

お気に入りの「ひまわりワンピース」

だいすきの法則④～笑顔の効果

（2023年8月5日）

♡**だいすきの法則**

たくさんある「笑顔の効果」を4つにまとめて、頭文字をとった「だいすきの法則」。

いよいよ、ラストの第4弾。

♡**だいすきの法則④：「き」**

第4弾の「き」は「気持ちがリラックスする」。

緊張するシーンやドキドキしてリラックスしたい時、意識して口角を数ミリ上げてみてください。

実は笑うことで、幸せホルモンが分泌されて、気持ちがリラックスする事が、脳科学的にも実証されています。


リラックスした状態を心にもたらし、自律神経を安定させます。

自律神経が安定すると、血行がよくなるため、緊張で強ばっていた筋肉がほぐれたり、内臓にもよい影響を与えてくれます。

♡うれしい・たのしい・だいすき～♫

「写真を撮る時、笑顔になるのが苦手……」という人って、意外と多いですよね？

そんな人にオススメなのが、大好きなドリカムの曲、『うれしい！　たのしい！　大好き！』。

撮影する瞬間に、口角をアップさせるため声に出せるなら「だいすき～」と言ってみてください。


いきなり声に出すのは、ハードルが高い場合は心の中で唱えるだけでもＯＫ！

口角がＵＰして、自然な笑顔になりますよ！
スグには難しい場合は、たった３㎜でもＯＫ！
少しずつ笑顔を意識してみてくださいね。

♪まとめ
「笑顔の効果」を４つに分けて「だいすきの法則」でお届けしました。
まずは、口角を３㎜アップするところから始めてみませんか？

【ピッパの法則】

幼少期から、本当によく起きていた「あの人元気かなぁ」って思うと目の前にあらわれたり、メッセージが来たり。

「なんで、まゆポンには、そういう事がよく起きるの？」って言われていて、自分でも不思議なパワーなんて思っていました。

今でこそ、量子力学でも証明できるようですが、私の答えは、シンプル。

「ピッ」と来たら
「パッ」と行動する！
名付けて、ピッパの法則？

すると、驚くようなことも、サラっと起きてしまう。

さらに、びっくりするようなことが起きたら「当たり前」と思わずに思いっきり喜ぶ。

　すると、次なるサプライズを運んでくれる。

　どこまで、再現性があるのかは正直不明ですが、私自身は、その繰り返しで、プラスの循環が起きています。

Chapter 5

Smile Evangelist
～笑顔の伝道者
【講演家としての鍵麻由】

DAF21 世界の共通言語は、英語じゃなくて〇〇（20年9月）

今回、私がお伝えするテーマは、『世界の共通言語は、英語じゃなくて〇〇』。ここには何が入ると思いますか？　負けでもなく、モンゴル語でもなく、笑顔です！

まず、私が生まれ育ったエピソードについて。私は高知県で生まれて、3歳から10年間、関西で育ちました。小さい頃、『赤毛のアン』や『トムソーヤの冒険』が大好きで、地球儀や世界地図を見るとワクワクし、いつかこんな世界を見てみたいなと思っている子供だったんです。今でも国際交流やグローバルといったキーワードにアンテナが立つのは、その頃のワクワクした気持ちが原点になっています。

そして、中学2年の春に関西から千葉県松戸市に引っ越しました。「神戸から来ました」と言うと、「関西弁喋ってみて」と囲まれるのですが、「そんなん急に言われても喋られへんわ」と言ったところ大爆笑されました。当時の私は、関西弁の意識がなかったんですが、今思えばバリバリの関西弁でした。国語の授業で、段落ごとに順番に読むのが好きだったのですが、私が感情を込めて話せば話すほどみんな笑うんですよ。「なんでやろう?」って考えてみたら、言葉が全然違うからだって気づいたんです。

もし私の性格が違っていたら、言葉の壁によっていじめられたかもしれません。話すことが怖くなったかもしれません。しかし、ポジティブな両親に育てられたこと、10年間関西で育ったこともあり、「笑われてなんぼのもんやねん!」という考えが私の中にありました。だから書いてある通り読んでいるだけで、みんながどっかんどっかん笑ってくれて、めっちゃラッキーと心の中でガッツポーズをしていました。

地球儀を見たとき、広い地球の狭い日本の中で、こんなにも言葉が違うなら、世界中の言葉ができたらめっちゃええやんと中二の春に思いました。捉え方って本当に大事ですよね。

いろんな言葉ができたらいいなと思ったことが、笑顔にどうつながっていくのかを、詳しくお話しします。実は、笑顔は目の前の人に「あなたを受け入れていますよ」というオープンマインドな気持ちを表しているんです。

私があるインドレストランに行った時のこと。ターバンを巻いたインド人が「いらっしゃいませ」と綺麗な日本語で接客をしてくれました。そこで私は、「ナマステ、メラナンカギマユヘメラバナンマユポンヘマユポンボライエ」と、ヒンディー語で自己紹介をしてみました。すると、インド人がびっくりして、「インドに行ったことがあるんですか?」「ヒンディー語をどこで覚えたんですか?」と聞かれ、頼んでいないマンゴーラッシーやスイーツなど、たくさんサービスをしてくれました。

実は私はインドに行ったことはありません。他のインドレストランでヒンディー語の自己紹介を耳にして、その音をそのまま真似しただけなんです。インド人にそう伝えたら、「それ、インド人と同じ方法です」と言われました。すぐ仲良くなるためには、オープンマインドな笑顔で、たった一言でいいから話しかけること。これがすごく大事なことだと感じています。

ここで、仲良くなれる簡単な3つの言葉をご紹介します。まずは基本中の基本、私もナマステと言ってお店に入ったように、「こんにちは」の挨拶。次に「おいしい」

という感想を伝えられるようになると、レストランでは絶対相手に喜ばれます。

そして、忘れてはいけないのが「ありがとう」。すごくシンプルで、小学校1年生でも分かる言葉を真似して言うだけです。そしてこれらをオープンマインドな笑顔で伝えるだけで、いろんなサービスを受けられることをたくさんのレストランで体験してきました。

私は3歳からピアノをやっていて、小学校からは吹奏楽を30年以上やっているので、耳で聞いた音を真似する特殊能力があります。なので「マユポンだからできたんでしょう?」という皆さんの心の声が聞こえてくるわけですが、実は皆さんも手の中にすごい先生を2人も持っているんです。それは、Google先生とYouTube先生です。

検索窓に「こんにちは　ヒンディー語」と入力すれば、カタカナで読み方も出てくるし、YouTube先生にいたっては音声でも教えてくれます。さっきの3つの言葉を、例えばベトナム料理やタイ料理のレストランへ行った時にたった一言言ってみてください。一気に仲良くなれると思います。その時に大切なのがやっぱり笑顔なわけですよね。皆さんの笑顔の度数やオープンマインドの度数によるので、サービスを受けられるという保証はできませんが、お店の人と仲良くなれるということだけは絶対にお約束できます。

この新型コロナウイルスの影響で、世界中が、答えの見えない、出口の見えないトンネルの中にいます。例えばＧｏＴｏトラベルキャンペーンがある一方で、東京都は自粛になったり、マスクをしていない人を責めるかと思ったら、いろんな情報が錯綜して今度はマスクをしている人を責めたり……本当にいろんな情報がたくさん出ています。

私自身は医療の専門家ではないので、コロナに対して何かを言う立場にはいませんが、人々がどんどん下を向いて、気づくと愚痴や不平不満、ネガティブなことばかりを見たり、読んだり、言ったりしていることによる悪影響がとても心配です。実は笑うことでナチュラルキラー細胞という免疫細胞が活性化して元気になるということは、医学的にも証明されています。

こんな大変な時に能天気なことだと思われるかもしれませんが、やっぱり私が伝えたいことは、「今を笑顔で生きる」なんですよね。そして、笑顔の男性は仕事ができると言われています。なぜなら笑顔はどんどん伝染するからです。上司、部下、クライアント、同僚……。みんなが笑顔になっていけば、このコロナの状況においても、笑顔の男性は仕事ができるのではないでしょうか。

そして笑顔の女性はモテると言われています。例えば、容姿端麗でモデルのような方でも、全く無表情のＡさん。そして一方で、そんな完璧な美女ではないけれど、笑顔の素敵なＢさん。あなたならどちらと一緒に過ごしたいですか？　答えは簡単ですよね。

今回の私のメッセージをそのまま伝えているアーティストがいます。高橋優さんの『福笑い』という曲の中のワンメッセージで締めくくりたいと思います。「♪世界の共通言語は英語じゃなくて笑顔だと思う♪」ありがとうございました！

DAF30 大ピンチをチャンスに変えた3つのカギ（22年12月）

突然ですが、ちょっと想像してみてください。あなたがある日突然、自分の力で立つことも歩くこともできなくなったら？　その時あなたの目に浮かぶのは絶望ですか？　それとも未来への希望の光ですか？　今まで当たり前にできていたことが突然できなくなることは本当に不便です。だけど、決して不幸ではありません。

私は、日常の当たり前の中に、たくさんの幸せが溢れているんだな、ということに気づかせてもらいました。今日お話しするエピソードは、全て実際に私の身に起きたノンフィクションです。同じ経験をしたことがある人はほとんどいないレアケースだと思いますが、形や大きさ、タイミングは違えど、人生においてある日突然〝まさか〟というような大ピンチは、どんな人にも起こり得るんじゃないかなと思います。そんな大ピンチを、どうやってチャンスに変えられるのか？　そんなお話をしていきたいと思います。

２０２１年12月18日、その日はClover出版のイベントＭＣの仕事をしていました。半年ぐらい前から腰が痛いなということはあったものの、その日は無事にイベントを終えて家に帰り、お風呂に入っていました。そして湯船から出ようとした瞬間、痛みもないのに突然立てなくなってしまったのです。

「え？　私の体に一体何が起きたの？」と一瞬にしてパニックになりました。その時の私にできたのは、ただひたすら主人のＫｅｙくんに助けを求めて叫ぶこと。

「Ｋｅｙくん助けて！　体に力が入らない！　立てないから起こして！」

突然のことでびっくりしていたＫｅｙくんでしたが、私を抱えて湯船から出してくれました。一体何が起きたかわからない状態の中、看護師の義理の妹に連絡すると、「すぐ救急車を呼びな！」と言われ、人生初の救急車に乗り、緊急入院となりました。コロナ禍とはいえ、その頃は感染者数が落ち着いていたので、すぐに搬送先が見つかったことは不幸中の幸いでした。

そこで全身の検査をしてもらい、ＣＴやＭＲＩなどを見た結果、ドクターに、「残念ながら、乳がんが骨に転移しています。背骨が脆くなってしまっているので、神経を治すための手術と、背骨にボルトを入れる手術が必要です。しかしこの病院ではその手術ができないので脊椎外科がある病院に転院が必要です」と言われ、その日のうちに転院することになりました。

私はもともと異常なほどポジティブなマインドを持っているので、手術をしてもらえれば歩けるようになるよね、と思っていました。一般的に手術のスケジュール調整は難しいのですが、ラッキーなことにたまたま翌日に脊椎外科のスペシャリストが空いていたということで緊急手術をしていただき、私の背中に14本のボルトが入れられました。

そこからクリスマスも年末年始も1人ベッドの上で過ごすことになったのですが、コロナ禍の入院で、一番つらかったのは、家族でさえも面会禁止だということ。すぐそこにナースステーションがあって、主人のKeyくんの声は聞こえるのに、直接会うことができない。また、年末年始やクリスマスという華やかな時期に、私は病院のベッドの上で一人でいるのが、すごくつらかったです。

でも、ずっとピンチのままでいるよりは、やっぱり何かしらできることはないかな？ と少しずつ考えるようになりました。1月末に退院した時は車椅子で、ドクターからは、「リハビリや治療の効果は個人差があるので、『いつになったらこうなります』ということは今の時点では言えません。もしかすると一生車椅子の可能性もゼロではありません」と言われました。もしあなたなら、ドクターに何と答えますか？

「先生、私はゴルフが大好きなんです。必ずゴルフをやるために復活します！ 奇跡を起こすので見ていてくださいね！」と答えました。それから少しずつ少しずつリハビリを続け、理学療法士さんが我が家に毎週訪問リハビリに来てくれたり、3週間に一度治療をしたりしながら、驚異的に回復していきました。そしてその回復の様子をYouTubeの「笑顔のカギチャンネル」でどんどんオープンにしていきました。車椅子で初めて電車に乗ったよとか、車椅子から歩行器になったよとか、杖を使うことができたよとか、そんな様子をアップしていったのです。すると今では、フラットな場所であれば、杖を使わずに動けるようになるまで回復しました。

じゃあ、どうやってその大ピンチをチャンスに変えて、今奇跡的にここに立てているのか。その3つのカギをまとめました。1つ目のカギは「Commit・宣言をする」ということ。先ほどドクターに対してした宣言、これもコミットです。

また、当時は3週間に一度の点滴治療を受けていたのですが、「他の人はすごい副作用があるのに、カギさんにはどうして副作用が起きないんだろう？」と言われました。そこで、「先生、私、その答えを知っていますよ。知りたいですか？」「私に副作用なんて起きるはずがないって、私が決めているからです」と宣言したのです。先生も看護師さんも「えっ？」という顔をしていましたが、私は宣言した通りに事実が起きるということを経験から確信していたのです。

2つ目のカギは「Open・心を開く」ということ。先ほどYouTubeで経過を報告したとお伝えしましたが、私は全く歩けない、何もできない状態から全てをさらけ出していきました。そこから階段を少しずつ上がっていけるようになった様子をシェアすると、「元気をもらえました！」とコメントをいただき、そのコメントに私もまた元気をもらえるというプラスの循環が起きるようになりました。

3つ目のカギは「Help Me・助けてと言う」ことです。昭和の時代の私たちは、なかなか人に助けてと言えなかったりしますよね。私も長女なのでなかなか甘えることが苦手でした。でも、一人で立てない状態でそんなことは言ってられません。助けてということを堂々と周りに言うことができれば、みんな優しく助けてくれますよ。

これら3つのカギを手に入れることで、ぜひ皆さんも大ピンチが起きてもチャンスに変えることができるのではないでしょうか？

そうは言っても、「まゆぽんだからできたんでしょう？」と思う方のために、1つの言葉をお送りしたいと思います。「poco a poco（ポコアポコ）」イタリア語で、一歩ずつという意味の言葉です。一歩ずつでも少しずつ前に進んでいくことで、あなたの大ピンチがチャンスに変わっていきますよ。

DAF31 ネガティブがポジティブになる「さしすせそ」（23年3月）

『ネガティブがポジティブになるサ・シ・ス・セ・ソ』

ピンチになった時やトラブルが起きた時に「なんで、私ってこうなんだろう？」と、ついついネガティブに考える癖はありませんか？　せっかくなら、そのネガティブをちょっとでもいいからポジティブに変えてみませんか？

私は、今も治療に通っている3回骨に転移した乳がん患者です。全く見えないとよく言われますが、「どうしてまゆぽんはがんって宣告されているのに、しかも、骨に転移したいわゆる末期なのに、そんなに笑顔でいられるの？」とか「どうやってそのポジティブなマインドをキープしているの？」とよく聞かれるんです。自分を振り返ったときに、やっぱり、このスーパーポジティブマインドが大きいなと思っています。

数値化することは難しいんですけど、普通の人に比べると、ネガティブを一瞬にしてポジティブに変えるスキルが圧倒的に高いのだと、周りからも言われますし、自覚症状もあります。それはどうしてなのかな？　と思ったら、やっぱりルーツは節子さん、私の母の存在がすごく大きいです。母・節子はいわゆる一般の家庭のお母さんとはだいぶ違う異常な母親でした。

１９８０年代初頭、私が小学校１年生の時、母は外資系の企業に勤務していたのですが、営業成績がトップになって、フロリダにあるアメリカの本社に表彰のため招待されたんです。その際、東京ディズニーランドができる数年前に、フロリダのディズニーワールドにも行っちゃったのです。

当時私は７歳、弟は２歳で、この２０２３年においてもなかなか「行ってきます！」と言える母親はいないでしょうし、「行ってらっしゃい！」と言える父親も少ないんじゃないかと思います。でも、そんな無理に思われることをどうやったら実現できるかなと、しっかりイメージしたり、周りにネゴシエーションしながら、実際に２週間行ってしまったのです。そういったことが、我が家では当たり前に起きていました。

また、20年くらい前、一緒にハワイへ旅行したときのことです。私はハワイに行ったら、スカイダイビングをやると決めていたのですが、母は高所恐怖症だったので、「私は麻由ちゃんがやるのを下で見ているわ」と初めは言っていましたが、直前になって、「でも人生一回きりだし、せっかくならやってみようかな！」と結局飛ぶことになったんです。当時母は50代半ばぐらいで、やると決めてやっちゃったんですよね。

スカイダイビングは自分の後ろにインストラクターがつき、「3、2、1、ゴー」で、自分から高度3000メートルの高さから飛び降りなきゃいけないんです。5組ぐらいで小さなセスナに乗って、その中で私は2番手のはずでしたが、1番手の人が直前で「やっぱり僕無理です」となって離脱。

急遽、私が一番手に変わって、「え？　わたし？」みたいな感じで飛び立ったわけです。ハワイのエメラルドグリーンの海やブルースカイを見ながら、「うわぁ、最高！」と思いながら地上に落ちていきました。そして、母・節子は「大丈夫かな？」と思っていたら、一緒に飛んだカメラマンがずっと動画を撮ってくれていて、それを見ると、なんと母・節子はカメラマンに向かってしっかり投げキッスをしていたのです。

私が心配するまでもなく「あ、さすが節子さんだな」と思いました。ここまでの話だと、フロリダ、ディズニーワールド、ハワイ、スカイダイビングと非日常すぎて「あ、ちょっと別世界だな」と思われるかもしれません。しかし、私はそんな母に、身近なロールモデルとして育てられたということもあって、『どんな風にすればポジティブに変えられるのかな』ということを体験を通して学びました。

ここからは、今日のポイントである『ネガティブがポジティブになるサ・シ・ス・セ・ソ』についてお伝えします。私はどんな言葉をシャワーとしてたくさん浴びたんだろう？　と両親からの言葉を思い出し、その頭文字を取って、私の中でサ・シ・ス・セ・ソと決めました。

サは『さすが』です。何かやろうかなと思った時とか、どうしようと思った時に「さすが麻由ちゃんだね」と言ってくれました。シは『信じる』です。「麻由ちゃん信じてるよ」とたくさん言ってもらいました。これはＷＢＣの栗山監督が、まさに選手一人一人のことを最後まで信じ抜いたのと同じです。不振だった村上選手が準決勝であんなドラマティックな展開になったのも監督が信じてくれたからです。パフォーマンスを上げるためには、信じることがすごく大事なんですね。スは『素敵』とか『素晴らしい』とかたくさんあります。「すごいね、麻由ちゃん」もそうです。セは、『せっかくならやってみよう』です。これまさに、人生一回だからせっかくならスカイダイビングをやってみようという節子さんのことです。ソは『そうだね！　いいね！』です。

これらは全てすごくシンプルなワードです。せっかくなら皆さんも何か一歩踏み出そうとする時や、今ピンチだな、ちょっとネガティブかもと思った時に、このシンプルなサ・シ・ス・セ・ソをぜひ思い出してほしいです。

中には「いいよね。まゆぽんはそうやってポジティブに育てられて」と思う人もいるかもしれません。でも、これらの言葉は自分にかけるのが一番効果的なんです。私は言葉を変えることで人生が変わるということを自分自身の経験を通じてそう確信しています。

II 著者として、講演家として
Chapter5 Smile Evangelist ～笑顔の伝道者【講演家としての鍵麻由】

III

"わたし"にとっての鍵麻由

このパートでは、彼女と縁の深い15人の方による応援メッセージを掲載しました。

15人いれば、15人それぞれの鍵麻由がそこにいるわけですが、それらに共通して見えるのは、「ポジティブ」「スマイル」「共感力」という彼女の揺るぎない魅力。その魅力に改めて感動させられます。

Chapter 6

Thank You Mayupon!

～まゆぽんへのメッセージ

【寄稿文】

ゴールしても走り続けるまゆぽんへ

遠藤優子（一般社団法人 お話美人協会 理事）

「まゆぽん、どんな人ですか？」っていうことについて話しますね。

まゆぽんはですね、私の中では〝鋼の女〟感がすごく強いです。

笑顔が印象的だけど、「気丈」というか「凛としてる」というか、とにかく心がすごく強くて、「これをやるんだ！」って決めた時に、ぜったい諦めない。

心がめちゃめちゃ強い人だなって。それはね、何かの挑戦に対してもそうなんですけど、結果っていうことよりも「何かをする『Ｄｏ』」の方ですよね。

何にしても、まゆぽんがカッコいいのは、「誰かのせいにしない」ところかなと思っていて。例えば、何かに間に合わないとか、これができないとかっていうのは、できないんじゃなくて「しなかった」「やらなかった」みたいな。とにかく責任感がすごく強い人。

まゆぽんの別の一面は、ほぼほぼ完璧主義みたいなところがあって。だからこそ「ポンコツ感」がすごく弱い。人に頼ったりとか、「これができない」って言うのは苦手な一面もあったかもしれない。しっかりやろうとか、きっちりやろうみたいなところが、人一倍強かったんじゃないかなと思います。

だからかな……。最後の最後まで――まゆぽんなくなっちゃう2日前まで、みんなと一緒にLINEしてて、ここが痛いんだとか、ここが苦しいんだ、みたいなのは全然なかったです。まゆぽんの左目の視力がなくなってきてるってことも知らなかったし。

ようは自分の弱いところというか、そういうのを外に見せたりとかするのが苦手だったのかもしれないです〈そういう意味では、なんかKeyくん〈ご主人〉の存在ってすごい温かいなと思っていて、まゆぽんは多分唯一、Keyくんの前だと素の瞬間があったのかなと思ってます）。

まゆぽんのお父さんお母さんも結構奔放な方々というか、好きなことをやったりするタイプの人たちなので、まゆぽんが親御さんを頼るっていうよりは、その逆のパターンが多かったかもしれないなと想像しています。

長女気質というか、「私に頼ってもらって大丈夫！」と思ってる部分が強かったんじゃないかなってすごい思ってます。「がんだから」とかって気をつかわれるのがすごく嫌なタイプだったんじゃないかなって。

実際、この世からはいなくなってしまったんですけども、最後まで走って、全速力で走って、そのままゴールしてゴールテープを切ってもまだ走ってる――彼女の人生はまだまだ続いている、そんなふうに私は思ってるんです。

※一般社団法人 お話美人協会は鍵麻由さんも理事を務めた、講演やコンサルティングをする事業体です。

安心安全を体現してくれたカギマユさん

長谷川孝幸（ＤＡＦ演者仲間・日本ほめる達人協会特別認定講師）

カギマユさんが人の悪口を言っているのを見たことがある人はいるだろうか。

何かを、誰かを否定する姿を思い出せるだろうか。

嫌な顔をしてウダウダしていることはあったろうか。

「笑顔でいましょう」「ポジティブな言葉を選びましょう」「人のいいところを見ましょう」って言葉が世の中にあふれている。

「善なるもの」が正しいというのが世間の常識となっている。

そして私たちも善であろうとする。

しかしそれは上辺だけのこと、実際には憎悪や嫌悪、否定や批判が心の中に渦巻いている。そしてそれらを隠し切れず、言動や振舞いに現わしてしまう。

人を傷つけるし、人に傷つく。

カギマユさんだって人間だから、すべて達観してすべて受容して、すべて肯定したわけではないだろう。

だが私たちはカギマユさんから嫌な思いをさせられたことはついぞなかった。

あの人は何だったんだろうと今でも不思議に思う。

ただわかるのは、カギマユさんは「無理していい人でいようとしている人」ではなかったということだ。

自分に起こる不都合よりも「前を向いてありたいように在りたい」という思いが勝っていたから、カギマユさんに安心できたのだ。

安心安全を体現してくれたのがカギマユさんである。

鍵さんへ

小田実紀（Clover出版　編集長）

あれは何月のことだったか、僕の勤めているClover出版のオフィスに突如ヒマワリがやって来た。

「鍵さん」

そう呼んでいた。それ以来、あまりにもたくさんのお仕事を手伝ってくださった。僕と同い年の鍵さんは、僕と同じ年月を生きてきたと思えないほど、常識的で社会性に富み、社交的で大人だった。

鍵さんから見たら、僕なんて、「あまりにも不完全なロクデナシ」にしか見えてなかったかもしれない。

そのくらい、仕事で頼ってばかりだった。

当時から、鍵さんはウィッグをかぶっていたのかもしれない。けど僕は何の詮索もしなかった。

癌のことは詳しくなかったし、それは過去のことだと思っていたから。

そう思わせるに十分なほど、いつも元気でポジティブなエネルギーを発していた鍵さん。

そのエネルギーの力強さと透明さは、一時もブレることがなかったように思う。

No rain, no rainbow

ある時、彼女の講演会を幸運にも観覧できた日のことを想う。

「笑顔の講演家」として、「今を笑顔で生きる」を伝えています——

あの時のピュアな言葉を今でも覚えている。

それは一度、人生の際《きわ》を見たものだけが発せられる一点の曇りのない言葉の力だった。

鍵さんの通ってきた道のすべてを想像することはできないにしろ、僕はそう感じたのだ。

鍵さんがなにかの覚悟と使命のうちにメッセージを伝えていたことに。

いくばくかの時が経った。

鍵さんは会社を辞めていたから、話す機会も減って、ＳＮＳで見かけるくらいになった。

そこでも鍵さんのエネルギーは留まることを知らなかったと思う。

病を差し置いて、なにかにせっつかれるように前進する彼女の姿に昔を懐古して、僕は無言で答えたのだ。

鍵さん、ありがとう。と。

クリスマスの奇蹟

西澤一浩（スピーチイベント『ＤＡＦ』主催者）

まず、私と鍵麻由さんとの関係性ですが、イベント主催者（私）と出演者（鍵さん）です。

共に過ごさせていただいた時間は、私のみならず、観客、スタッフ、共演者たちにとって非常に貴重なものです。

その常に笑顔を絶やさず、何事に対しても前向きな姿勢に私はいつも感銘を受けております。

開催日が近づくにつれ主催者がピリピリとした空気を醸し出す中（よろしくないですね・汗）、潤滑油と緩衝材の役割を一手に引き受けてくださっていた鍵麻由さんの存在は、イベントにおいてとてもとても貴重なものでした。

足掛け4年に渡りご出演いただきましたが、再発転移による1年間のお休みを経て、２０２２年の年末に復帰さなったときのこと。

鍵さんがステージに上がるや客席からの「おかえりなさい」コール、ご本人の「ただいま」、というやりとりでスピーチが始まりました。

帰ってきてくることをみんなが心待ちにしていた証左ですね。

そのあとのスピーチが頭に入ってこなくなるくらい胸アツで印象的なシーンでした。

年末回だったこともあり、クリスマスの奇蹟と称したくなる趣さえありました。

舞台の表と裏でのご尽力に、あらためて感謝と敬意を表します。

「丁寧に生きていらっしゃった」麻由さん

大上達生

私は麻由さんとそれほど近い友人ではなかったのですが、彼女が秘書をされていた時から、セミナー講師のための講座やトークイベントなどでご一緒させて頂きました。

賢明で、いつもニコニコと和顔愛語を地でいく方で、とても尊敬していましたが、ガンや闘病のお話も聞いて更にその思いが強くなったことを覚えています。

麻由さんのスゴイところは沢山あると思うのですが、私の心に特に残っているのは、麻由さんは常に人にも物事にも「丁寧に生きていらっしゃった」ところです。

麻由さんの講演には、とても心に響く何かがいつもあったように感じましたが、それは目の前のことに丁寧に真剣に生きているところからくる凄みや、他者や社会の立場から考えられる視点の高さや賢さ、月並みな言葉になってしまいますが、愛にあふれていたからだと感じています。

改めて麻由さんのご冥福を心よりお祈りいたします。天国からも私たちを見守ってもらえれば嬉しいです。

ひまわりと月見草の月見草なほう

松川泰子（お話美人協会 理事）

人生に対して本気になるとき、その背後には必ず本気にさせてくれる人との出会いがあるということ。

そしてそれは大抵の場合、それまでの自分の人生に関わりがなかったタイプであることが多いのだけれど、わたしの場合はそれがまゆぽんだったなあ。

お話美人協会の月とすっぽん、ひまわりと月見草ほど対極なわたしたちで、本当に〝お話で人生を表現する、変えていく〟こと以外何一つと言っていいくらい共通するものがなかった中で一番大きく違っていたのは人生に対する向き合い方だったんじゃないかな。

まゆぽんは、生きることに〝惚れて〟たよね。

生きることが〝好き〟なんじゃなくて〝惚れてる〟レベル。

好きってさ、飽きるんだよね。

だから続かない。だって愛じゃないんだもん。

〝好き〟を追い求めて、いろんなことをやり散らかして、飽きて、放り投げてはその繰り返しに倦み、疲れてしまっていたわたしと、
いろんなことにチャレンジしながらその一つ一つを昇華させて自分の愛する人生を生きていた、あるいは自分の生きる人生を愛してたまゆぽん。

生きていたのはまゆぽんの方だったね。

まゆぽんを見送った時、次にこの世界じゃないところで再会した時、今の自分のまだと恥ずかしすぎて多分逃げ出しちゃうと思う。

貴方の笑顔に〝はる〟ぐらいの笑顔で再会したいから。

ちょっくら遅いスタートだけど、今まで二の足を踏んでたこととか、葛藤を抱えてたことを言い訳にするのではなく、今より本気で生きてみようと思う。

まゆぽん、出会ってくれてありがとう。

はるかなアモトでまた会いましょう。

またいつの日か、この地球でも会える日をみんなで待ちわびながら

宮崎ハヤト（一般社団法人八王子革命協会 代表理事）

僕が鍵麻由さん（以下まゆぽん）と初めて会ったのは、遠藤優子さんの応援で駆けつけた、ＤＡＦというイベント会場（主催は西澤一浩さん）でした。

家族ぐるみでお付き合いさせていただいてる松川泰子さん（以下やっちゃん）がＤＡＦに初出場することになり、応援に駆けつけた時からだったので良く覚えています。

まゆぽんはやっちゃんと同期でデビューなので、やっちゃんを応援に行く度にまゆぽんと会う訳ですが、その二人の対照的なところは僕にとってあまりにインパクトが大きく、一見すると不釣り合いにも感じるほど「陰と陽」の雰囲気を醸していたのが何とも印象的でした。

そんな二人ですが、驚くほどに相性がよく、尊敬しあうところをステージの随所に垣間見ることが出来、陰と陽は二つで一つという事を体現している様でもありました。

僕から見たまゆぽんという人は、どんな人も照らしてしまう光そのものみたいな人でした。

人を照らすときには二つのパターンがあって、影から黒子のようにして照らすパターンと自分の放つ光で照らすパターンがあり、まゆぽんは紛れもなく後者の照らし方が出来る人でした。

それは彼女には唯一無二のスター性があったからだと僕は確信しています。

まゆぽんの魅力を象徴するうえで、彼女の武器の一つ、「笑顔」の力を使っていることも大きいと思いますが、なにより、まゆぽんのもう一つの能力、影から支える力がとてつもなく大きく、どんな人も魅力的に映してしまうこと。

これを両方出来る人はなかなかいないと思います。

だからこそまゆぽんは誰もに求められるし、誰からも愛されていました。

そんなまゆぽんが、信じられないくらいに早く地球から旅立ってしまって……

ゆっくりお話ししたのはおそらく旅立つ一年ほど前に、プロフィール写真撮影会に参加してくれた時だったと思います。

お母様と記念で撮影会に来てくれて、その時もすでに少し疲労感は感じたものの、撮影中も終始笑顔でがんばってくれたと記憶しています。

そんな中でも、会話で出てくる言葉は常に「前向き」であり、誰かを励ますような言葉ばかりでした。

その日はお母様のステキさ、尊敬するところ、そしてお話し美人協会の大好きな仲間への褒め言葉などなど、聞いているだけでなんだか泣けちゃうくらいのパワーをもってて、心から発してる言葉だからこそ真摯に伝わり、それゆえに暖かい。

まさかその日に撮らせていただいた写真が遺影になるなんて思ってもみませんでした。

まゆぽんの最高の笑顔は、まだここにいる僕らを照らし続けてくれていて、旅立ってもなお、僕らを励まし笑顔にしてくれていると思います。

僕らが地球で過ごせる時間は有限で、まゆぽんは少し先に地球から旅立ち、元の場所に還ってしまったけど、また魂のふるさとで会えるのを楽しみにしたいと思います。

またいつの日か、この地球でも会える日をみんなで待ちわびながら。

少しの間だけバイバイ。

ひまわりのうた

西川由香

あなたはこの地上からいつも
輝く太陽を見上げていた。
か細い幹のような体でありながら
まるで大木のような優しい存在感で。
風の舞に心躍らせ
雨の調べに人知れず涙雫を落とし
太陽の方へと伸びゆく葉を広げ続けていた。
すべては今この瞬間に
美しい笑顔の花を咲かせるために。
あなたは
周りの人々に愛の光を与える、

笑顔で歌うひまわりのような人でした。
壮絶な運命に翻弄されても
怯まない。
どんな理想でも叶うと信じて疑わない。
人生の経験を楽しみ
どんな挑戦も厭わない。
誰からも愛おしいと思わせるあなたは
風となり
雨となり
土となり
そしてひまわりに宿り
人の心を照らす太陽となった。
ひまわりから聞こえる歌は
あなたの命の奇跡。
生まれてきてくれてありがとう。
出会ってくれてありがとう。

愛をありがとう。
今ここを笑顔で生きる
わたしを生きる人であれと。

****

自分にとって何を大切にしどんな生き方をするのか？
最も難しいと思う人生のテーマのように思います。
私は奇跡の命の使い方を意識し自分を生きることの大切さを
鍵さんの生き方からたくさん受け取りました。
使命にこれほど果敢に生きた人を知りません。
私はこれからもっと自分にたくさんの経験と挑戦をさせ続け
鍵さんからもらった人生のテーマの学びをたくさんの人に渡していきたいと思います。

ひまわり笑顔のまゆぽんへ愛をこめて

鍵麻由さんの生き方から学んだこと・心に残ったこと

福井久乃（友人）

初めて麻由さんにお会いしたのは5年前。

『しゃべくりタカタカブーン』という講演会でした。

麻由さんのひまわりのような笑顔と明るい声、乳がんサバイバーという壮絶な経験の中とても眩しく輝いていました。

お話美人協会やＤＡＦでも麻由さんは前向きで軽やかに会場中を笑顔の花で満開にし、生きることの尊さや美しさを教えてくれました。

〝初対面の時から共通点が多くて意気投合。私たちは双子みたいによく似ている〟

ある日こう書いてくれていました。麻由さんに憧れて背中を追いかけて来た私にとって、その言葉はまるでラブレターの返事。とても嬉しかったです。

麻由さんの体調が悪くなり、帰り道は辛そうな姿もよく見かけるようになりました。

それでも別れ際は「ありがとう。またね！」とその笑顔に元気づけられました。

麻由さんの訃報を聞いてから5ヶ月が立ちました。

まだ信じられない自分がいます。

1つ不思議なことがありました。

麻由さんの死後、なぜか左胸がチクチクするので気になって検診に行きました。

なんと、私も乳がんでした。

幸い早期発見で左胸の全摘手術を経て今この記事を書いています。

不思議と気持ちは落ち着いています。麻由さんが私の前を照らしてくれているからだと思います。

麻由さんに伝えたいことがありました。

麻由さんが伝えたかったこともまだまだたくさんあったと思います。
だから私、宣言します！（麻由さんのスピーチは大体これで始まります）
麻由さんから受け取ったひまわりのバトンを次は私が周りを明るく照らすことに使っていきます！

出会ってくれてありがとう。一緒にひまわりのように生きていこう。

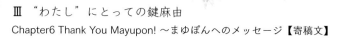

『自分との対話』が出来ている人

佐伯真央（サイキッカー）

鍵麻由さんは出版社にいらっしゃる時に何回かお顔を拝見したくらいで、私は特に親しいというわけではないけども、何を越えてきたかは聞き知っておりました。

一般的に言って、癌です、余命何年ですと言われて、平気な人は居ないですよね。

それは、すごい葛藤だし、恐怖だと思いますが、なぜここまで人生を全う出来たのかと言えば、私の感覚から申し上げるとそれは『自分との対話』が出来ている人だったんだろうと感じています。

その上で『生きる覚悟』を決めたんですよね。

そんな雰囲気を纏ったかっこいい女性だと思います。

だから、あれをやりたい！　これをやりたい！　これが好き！　あれが好き！　いや、あれは嫌い！　自分の感覚にストレートに生きていらっしゃったのかなと感じております。

日本人はこの感覚表現がすごく苦手。

鍵さんは癌になられてしまった事は辛い事でしたが、生き様を全身で表現されており、『生きる覚悟』を教えてくれた最高の女性。

彼女の精神は生き続け、伝わっていくものと確信しています。

まゆぽんへ

ＡＩＳＡＲＥる起業家コンサルタントめーら♪（内田恵美）

メッセンジャーをさかのぼること４年
はじめはあなたからのメッセージでした。
赤城先生のライブで私を見つけてくれたあなたは
お友達申請をしてくれましたね。
その後、勉強会で時々顔を合わせ
お仕事をしながらの学びへの参加
そして、そのコミュニティへの貢献の仕方は
どれをとっても私にはないスキルと

うらやましいほどのコミュニケーション能力がありました。

そんなあなたなのに
「めーら♪さんはすごいよ！」と
いつもほめてくれました

オンラインで知り合ったのに
リアルでも何回も会ってくれて
そのたびにそのまぶしいくらいの笑顔に
たくさん励まされました。

実は人間関係に悩みを多く持ち
自信がなかった私にとって
この４年間ずーっと変わりなく

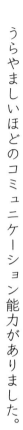

おつきあいしてくれた
唯一の人、心のよりどころでした。

そのあなたを失って
未だに傷は癒えていませんが

本の出版という
あなたの夢に
少しでも触れることができて

ちょっぴりだけ
前に進めそうです。

あなたのおかげで
始まった私の会社も
3歳になりました。

これからもまゆぽんに恥ずかしくない自分でいたいです。

出会えたことに感謝。一緒に成長できたことに感謝。

大川正裕

２０１４年にご縁を頂き、そこから、これから何をやりたいのか、何をしていくといいのか、まだ定まっていなかった頃、会う機会があれば、たくさん会話をして、チャレンジ精神に溢れて、様々なことにチャレンジしながら、少しずつ見えてくるものがあって、そして、２０１７年に講演家としてデビュー。

どんな講演にするのか、人生の振り返りをしながら、喜びも悲しみも全ての自分と向き合い、受け止めて、自分の経験の全てを強みに変えていった姿、その強さには感動しました。

そして、いきなり才能開花で、グランプリ受賞して、満面のキースマイル、全身で喜んでいた姿は今でも特に忘れません。

誰かが大変な時は、いつでも全力応援、誰かが悲しんでいる時は、心から寄り添い、いつも誰かのために動いていた、そのあり方が鍵麻由ちゃんの生き様であり、僕の心に焼きついています。

これまでたくさん努力をしてきたし、たくさん耐え抜いてきたから、これからは天国で安らかにお過ごしください。

鍵麻由ちゃん、ひまわりのようなたくさんの笑顔、太陽のようなたくさんのパワー、虹のようなたくさんの素敵な人生の景色、忘れることのないたくさんの思い出をありがとう。

出会えたことに感謝。

一緒に成長できたことに感謝。

まーさんより

今でも私の心の中は、鍵さんの愛で一杯です

中野華蓮（一般社団法人お話美人協会 生徒）

私が鍵さんに初めて会ったのは、お話美人協会のクリスマスパーティーでした。

当時私はビジネスを始めたばかりで、どんな方向性で進んだら良いか悩んでいました。

そんな時、鍵さんの癌闘病生活のお話を聞いた時、凄い！という思いしか有りませんでした。

ただただ尊敬の一言。

何が凄いって、3度の癌治療と闘病生活、最近まで車椅子生活だった。

肺に水が溜まり呼吸が苦しい、もう歩く事は叶わない、そんな状態なのに全て乗り越えて松葉杖をつきながら歩いていたんです。

そして、信じられない位明るい笑顔で笑って闘病生活の話をしていたんです。

笑顔でいれば、大抵の事は乗り越えられる。

そして絶対に弱音を吐かない、常に前向きな方でした。

そんな彼女の笑顔や話を見て聞いているうちに、私も彼女のようにいたいと思うようになりました。

辛い時やネガティブになった時に、鍵さんの顔を思い出して、もっと頑張ろうという気持ちになれました。

鍵さんは、私が目指す最高の幸せ【愛】を常に持って生きている人。

私の人生のお手本のような人!

辛くなった時に、鍵さんの事を思い出すと、【まだやれる、大丈夫。よし頑張ろう】という気持ちになれます。

今でも私の心の中は、鍵さんの愛で一杯です。

ありがとうございました。

彼女から学んだ「どんな困難な状況でも『信じる力』を失わない姿勢」

海藤美也子（イイオンナ推進プロジェクト本部メンバー）

鍵麻由さんとの出会いは、講演会のスピーカーとして同じ舞台に立ったときでした。その後の会話の中で、実は２０１３年のイイオンナ推進プロジェクト（その後一緒に活動することになる女性活躍を推進するコミュニティ）のイベントにお互い初めて参加していたことを知り、不思議な縁を感じたことを覚えています。彼女は年齢が少し上でしたが、気さくで明るく、どんな場面でも穏やかな気持ちにさせてくれる存在でした。

彼女から最も学んだのは、どんな困難な状況でも「信じる力」を失わない姿勢です。全国イベントを実現するプロジェクトで、私は主催者を集めるリーダーを任されましたが、うまく進まず、自分の力不足を痛感して悩んでいました。他の委員から厳しい意見を受けて落ち込んでいたとき、唯一相談できたのが麻由さんでした。「大丈夫、みやちゃんの計画どおりに進めていけばうまくいくよ！」と励まし、さらに自らの行動で助けてくれました。

麻由さんから学んだのは、信じることが人を動かし、物事を前に進める原動力になるということ。そして、何が起きても人を責めるのではなく、ゴールに向けて最善の道を選び取る姿勢でした。彼女の「決めたことを信じる力」は、私の心に深く刻まれ、今も私の生き方を支えてくれています。そんな彼女は、一生わたしのロールモデルです。まゆポン、心から感謝しています。ありがとう。

まゆぽんはまさに「美しい女性」

相良照代（一般社団法人 お話美人協会 理事）

私がまゆぽんと初めて出会ったのは８年前。

キラキラ女性講演会メンバーで講演会を開催したときに、お客様として観にきてくれたのがまゆぽんでした。

「なんだこのキレイな人は」

ミントグリーンが香りそうな、
爽やかで透明感のあるオーラに私は釘付けでした。

外見ももちろんキレイ、だけど何かに惹きつけられる、そんな感じ。

その日からまゆぽんとは講演会やＤＡＦ、お話美人協会など、スピーチを通して仲良くさせてもらいました。

聡明で優しく、発する言葉はポジティブ。

それでいて「私はこう思う」と言うべきことはきちんと言う。

明るい色の服しか着ない。

生い立ちや経験を明るく話す。

「シヅエー、今日はｚｏｏｍだから忘れないでね」とさりげなくリマインドしてくれる。

まゆぽんと関わるたびに大好きになっていきました。

きっとみんなそうなんじゃないかな。

出会ったときに「この人キレイ」と感じたのは
美しい生き方がにじみでていたから。間違いない。

（２０２４年10月２日　鍵鋼一記述投稿より）

おわりに

妻・麻由が逝ってしまった命日の6月25日から数えて、今日が百日目となり、百日忌となるのですが、法要はしない代わりに、こちらで偲べればと思い投稿させていただきました。

百日忌は、別名「卒哭忌《そっこくき》」とも呼ばれ、悲しみに区切りをつけて故人の死を嘆く状態から抜け出すという意味があるそうです。遺族が今まで通りの日常に戻れるようなきっかけを作る法事であり、遺族にとって意味深い日になるそうです。

ただ私自身、正直仏壇の前でまだメソメソしているのが現状です。

今回麻由の出版というプロジェクトを二階堂さん、お話美人協会の遠藤さんを中心に立ち上げていただきました。

これは麻由の夢だったことを実現するのも、もちろんあります。それが第一義なのですが、遺族、特に私の心に踏ん切りをつけて、健やかにさせていただくことが望みでもあります。

この出版は、実は麻由が埋葬されたお寺の住職から提案していただいたことが由来になります。

故人が戒名を授かるにあたり、故人がどのような人物であったかや、生前の行いについてお話しするのですが、驚いたことに住職は、事前にインターネットで麻由を調べてくださっており、麻由が残した数々のワードに感銘を受けていただいたようで、「この方は、生前から人に影響を与えていたようですが、亡くなられてからも、これらの文章を読んだ方々に深い影響を与える方だと思います。ぜひ、三回忌でも、五回忌でもいいので親族の方だけでもいいので活字として残してあげたら、きっと供養になる」と提案してくださったのです。

当初は、私一人でやるつもりで、ゆっくりやろうと思ったのですが、お通夜の時、たまたま二階堂さんと話す機会があって、ふと口にしたところ、賛同してくださり、麻由が勤務していたClover出版の方々をはじめ、多くの方が立ち上がってくれたのです。

こんな経緯になります。

お通夜、告別式は沢山の方がお見送りにいらしていただいて、お一人お一人に献杯のようなおもてなしができませんでした。今回講演会（偲ぶ会）にいらっしゃっていただき、ゆっくり麻由の思い出話を聞かせていただければとてもうれしいです。最後に麻由が大好きだったドリカムの中から、特に麻由が一番好きだった歌『何度でも』の歌詞を私や麻由に携わっていた方だけでなく、能登の災害で亡くなった方に捧げます。

こみ上げてくる涙を何回拭いたら
伝えたい言葉は届くだろう？
誰かや何かに怒っても出口はないなら
何度でも何度でも何度でも立ち上がり呼ぶよ
きみの名前声が涸れるまで
悔しくて苦しくて
がんばってもどうしようもない時も

きみを思い出すよ
10000回だめでへとへとになっても
10001回目は何か変わるかもしれない
口にする度本当に伝えたい言葉は
ぽろぽろとこぼれて逃げていく
悲しみに支配させて　ただ
潰されるのなら
何度でも何度でも何度でも立ち上がり呼ぶよ
きみの名前声が涸れるまで
落ち込んでやる気ももう底ついて
がんばれない時もきみを思い出すよ
10000回だめでかっこ悪くても
10001回目は何か変わるかもしれない
前を向いてしがみついて
胸掻きむしってあきらめないで叫べ！
何度でも何度でも何度でも立ち上がり呼ぶよ

きみの名前声が涸れるまで
悔しくて苦しくがんばってもどうしようもない時も
きみの歌を思い出すよ
この先も躓いて傷ついて傷つけて
終わりのないやり場のない怒りさえ
もどかしく抱きながら
どうしてわからないんだ？　伝わらないんだ？
喘ぎ嘆きながら自分と戦ってみるよ
10000回だめで望みなくなっても
10001回目は来る
きみを呼ぶ声　力にしていくよ何度も
明日がその10001回目かもしれない

（DREAMS COME TRUE
『何度でも』作詞：吉田美和　作曲：中村正人／吉田美和）

「AIまゆぽん」に
会いたくなったら
こちらのQRコー
ドを読み取ってく
ださい。

協力：鍵 鋼一
製作総指揮：鍵麻由 出版プロジェクト実行委員会
編集協力：ryoco、田谷裕章
ブックデザイン：みやくる（睦実舎）

No rain, no rainbow
～ピンチをチャンスに変える魔法のカギ！

初版1刷発行　2024年11月18日

著者　鍵 麻由
発行　アイドニクス合同会社
　　　info@aidoniks.com
印刷・製本　虹色社

 ISBN978-4-909045-71-3 C0095